Roger Money-Kyrle
Theoretische Arbeiten

Die Qualitäten verschiedener Über-Ich-Organisationen stellen ein zentrales Forschungsfeld Roger Money-Kyrles dar. Band 3 enthält die Anfänge seiner einschlägigen Erkundungen nach Abschluss seiner philosophischen Studien und seinem sich nun vertiefenden Interesse an der Theorie der Psychoanalyse. Ein Beitrag zu Jeanne D'Arcs Stimmen gibt beispielsweise Einblick in die Systematik seines Denkens an einem zu jener Zeit aufgrund leichter zugänglicher Dokumente erneut diskutierten Fall. Die am philosophischen Denken geschulte Reflexion seiner intensiven klinischen Erfahrungen münden schließlich Jahrzehnte später in eine grundlegende Arbeit zur kognitiven Entwicklung, die hier erstmals auf Deutsch zugänglich ist. Auf Freuds und Kleins Verständnis von seelischen Krankheiten aufbauend führt er die Idee von Konzepten und Misskonzeptionen, von Orientierung und Desorientierung aus – ein fruchtbarer Ansatz, dessen Potential noch lange nicht ausgeschöpft ist. Roger Money-Kyrles eigener Lebensrückblick beschließt diesen Band.

Roger Money-Kyrle, 1898–1980, war ein hoch angesehener und einflussreicher britischer Psychoanalytiker mit einem Hintergrund in Philosophie. Seine Schriften sind aus seinem tiefgründigen Nachdenken hervorgegangen und liefern zentrale Ansätze zur theoretischen Grundlegung der Psychoanalyse.

Claudia Frank, Priv.-Doz. Dr.in med., Psychoanalytikerin in eigener Praxis in Stuttgart, Lehranalytikerin der DPV/IPA. 1988–2001 in der Abteilung für Psychoanalyse, Psychotherapie und Psychosomatik der Universität Tübingen, zuletzt als Kommissarische Leiterin. Guest member der British Psychoanalytical Society. 2016–2018 Leiterin des zentralen Ausbildungsausschusses der DPV. Veröffentlichungen zur Theorie, Technik und Geschichte der Psychoanalyse (u. a. eine Monografie zu Melanie Kleins ersten Kinderanalysen) sowie zur angewandten Psychoanalyse (u. a. zu Giacometti und Morandi). Mithg. des Jahrbuchs der Psychoanalyse 2002–2013. Zusammen mit Heinz Weiß Hg. verschiedener Bücher zur Kleinianischen Psychoanalyse. Zuletzt zusammen mit A. Kidess: *Zur Psychoanalyse im Hier und Jetzt*.

Heinz Weiß, Prof. Dr. med., Psychoanalytiker, von 1999–2022 Chefarzt der Abteilung für Psychosomatische Medizin am Robert-Bosch-Krankenhaus, Stuttgart, Leiter des Medizinischen Schwerpunktes und Mitglied des Direktoriums am Sigmund-Freud-Institut, Frankfurt a. M.; Chair der Education Section des International Journal of Psychoanalysis, Guest Member der British Psychoanalytical Society. Bei Brandes & Apsel sind erschienen: *Ödipuskomplex und Symbolbildung* (1999; 2. Aufl. 2013) und gemeinsam mit Esther Horn *Trauma und unbewusste Phantasie* (2018), *Zeitlose seelische Zustände* (2019) und *Wiederholung und Wiederholungszwang* (2020).

Roger Money-Kyrle

Theoretische Arbeiten

Ausgewählte Schriften Band III

Herausgegeben und kommentiert
von Claudia Frank und Heinz Weiß

Aus dem Englischen übersetzt
von Antje Vaihinger

Brandes & Apsel

1. Auflage 2024

DTP: Brandes & Apsel Verlag
Umschlagabbildung: Christian Schad, *Portrait of an Englishman*, 1926
Druck: WirMachen Druck, Printed in Germany
Gedruckt auf einem nach den Richtlinien des Forest Stewardship Council (FSC) zertifizierten, säurefreien, alterungsbeständigen und chlorfrei gebleichten Papier.

Bibliografische Information der Deutschen Nationalbibliothek:
Die Deutsche Nationalbibliothek verzeichnet diese Publikation in der Deutschen Nationalbibliografie; detaillierte bibliografische Daten sind im Internet über www.ddb.de abrufbar.

ISBN 978-3-95558-302-6

Inhalt

Einführung

Roger Money-Kyrles Weg zu Ansätzen theoretischer Grundlegung unserer Wissenschaft

Mit dem Stichwort der theoretischen »Grundlegung unserer Wissenschaft« im Titel unserer Einleitung knüpfen wir an unsere Ausführungen über *Roger Money-Kyrles Weg zum praktizierenden Psychoanalytiker* im zweiten Band seiner *Ausgewählten Schriften* an. Ernest Jones, der erste Analytiker von Money-Kyrle, hatte 1922 dessen ausgeprägtes denkerisches Vermögen sowie seinen klaren Blick für das Wesentliche gepriesen und vorausgesagt, er werde viel dazu beitragen können, »die Grundlagen unserer Wissenschaft in der Zukunft zu definieren« (2022, S.11). Damit hatte er bei Sigmund Freud dafür geworben, Money-Kyrle in Analyse zu nehmen. Money-Kyrles zweite Analyse beginnt im Herbst 1922 in Wien – zu einer Zeit, als Freud die Reinschrift von *Das Ich und das Es* beendet hatte, dessen Entwurf er Ende Juli/Anfang August 1922 verfasste (vgl. May/Schröter 2018, S. 8). Dieser Meilenstein in Freuds Theorieentwicklung setzt, wie Freud eingangs vermerkt, »Gedankengänge fort«, die er in seiner Schrift *Jenseits des Lustprinzips* 1920 begonnen hatte. Es wird Zeit brauchen, bis Money-Kyrle die klinischen Phänomene, welche für Freud den Anstoß gaben – u.a. den Wiederholungszwang, die Melancholie, die negative therapeutische Reaktion –, in einer Weise ernst nehmen konnte, dass er ihnen theoretisch Rechnung zu tragen vermochte (vgl. auch Frank 2022). Aber Freuds Verknüpfung der von ihm schon früher diagnostizierten unbewussten Schuldgefühle mit einer seelischen Struktur, einer »Stufe im Ich«, die er in der 1923 erschienen Schrift als »Über-Ich«[1] bezeichnet, stellt exemplarisch einen Bereich dar, zu deren theoretischer Grundlegung Money-Kyrle in den folgenden Jahren und Jahrzehnten Zentrales beitragen wird.

1 Zu den Vorläufern im Werk Freuds siehe u. a. Weiss (2020).

Zunächst war Money-Kyrle zwar bei Freud in Analyse, befasste sich jedoch noch nicht mit analytischer Theorie, sondern promovierte bei Schlick über Erkenntnistheorie. Roger Money-Kyrle war mit seiner Frau nach Wien übergesiedelt und Teil des dortigen gesellschaftlichen Lebens geworden. Als solcher wurde er 1926 auch von einem bekannten Vertreter der Neuen Sachlichkeit, Christian Schad, porträtiert. Dieses Bildnis haben wir als Titelbild für den vorliegenden dritten Band gewählt. Zu diesem Gemälde vermerkt der Maler – wie im einschlägigen Werkverzeichnis nachzulesen ist –, er habe das Bild in seinem Atelier Am Graben in Wien gemalt, »weil ihn der Engländer aufgrund seiner reservierten, ›typisch englischen‹ Ausstrahlung interessierte« (2008, S. 129). Das Porträt sei keine Auftragsarbeit gewesen. Christian Schads *Porträt eines Engländers* stellt uns den 28-jährigen Roger Money-Kyrle als einen etwas scheuen, hellwach und leicht fragend blickenden gepflegten jungen Mann vor. Er ist mondän gekleidet, ohne superkorrekt zu wirken, scheint mit einer bei aller Zurückhaltung weltläufigen Selbstverständlichkeit aufzutreten, im Leben verankert, ohne schon ganz seine Bestimmung gefunden zu haben. Deutet der – an De Chirico erinnernde – Hintergrund einer unbelebten südlichen Stadtansicht, deren Wasser seinen Oberkörper umgibt, während der Kopf von zwei unterschiedlichen hohen steinernen Türmen umfasst wird, auf das alte Geschlecht, dem er entstammt, den weiten Horizont seiner geistigen Höhen hin? Der Stil der neuen Sachlichkeit entspricht nach unserem Eindruck gewissermaßen einer Aura von aristokratischer Diskretion und Distinguiertheit, die der Porträtierte verkörpert – und die auch Jahrzehnte später für ihn noch charakteristisch sein sollten. Einen »typischen« Engländer stellt man sich gemeinhin wohl anders vor. Offensichtlich reizte es Christian Schad, der in Wien zwischen 1925 und 1927 verschiedene Persönlichkeiten der höheren Gesellschaft porträtierte, diesen jungen Philosophen zu malen – einen Charakter, der aufmerken lässt, Ungewöhnliches vermittelt, ohne dass dies unmittelbar zu greifen wäre.

Wenn Money-Kyrle Jahrzehnte später über seine Analyse bei Freud, über die er sehr wertschätzend spricht,[2] erwähnt, in diese Zeit seien »die

2 In jedem Fall vermittelte R. Money-Kyrle offensichtlich in seinem Kondolenzbrief an Anna Freud, wie viel er Freud verdanke. In den Unterlagen findet sich nur A. Freuds Antwort vom 19.10.1939: »Dear Mr. Money-Kylre, I did have

ersten zwei oder drei Krebsoperationen Freuds« gefallen, und sich erinnert, wie »entsetzlich deprimiert« er war, dann können wir vermuten, wie dabei unbewusste Schuldgefühle eine Rolle gespielt haben mögen, die Angst, den Analytiker beschädigt zu haben. Aber dieser Zusammenhang wurde offenbar nicht gedeutet. Auf dem Hintergrund seiner späteren, dritten Analyse bei Melanie Klein formuliert er in *Rückblick und Ausblick*: »Klinisch gesehen war der wichtigste Unterschied, dass es Freud immer noch vor allem darum ging, Erinnerungen an traumatische Erfahrungen wachzurufen, und nicht darum, die aktuellen Komplikationen des Unbewussten zu verstehen und sie dann bis zu ihrem Ursprung zurückzuverfolgen« (in diesem Bd. S. 146).

Nach Beendigung von Analyse und Promotion kehrte die Familie nach England zurück. Money-Kyrle blieb dort in Kontakt mit der Analyse. Von seinen Studien ausgehend hatte er gehofft, einen Doctor of Science anschließen zu können. Nachdem aber die dafür notwendigen Voraussetzungen nicht vorlagen, schrieb er eine weitere philosophische Dissertation, *The Meaning of Sacrifice*, dieses Mal geprägt von seinen analytischen Interessen. Der Umstand, dass eine Arbeit, die mit analytischen Theorien operierte, von der University London als Promotion anerkannt wurde, fand in den Rezensionen durchaus Erwähnung (zum Beispiel in Rice 1932). Sie verschaffte ihm u.a. die Anerkennung der Anthropologen. Reik (1931) lobt »its clear arrangement, systematic treatment, lucidity and industry. The author's wide reading in psychology, mythology, comparative religion and ethnology arouses our envy; his philosophical training is apparent in the discussion of difficult concepts.« Er hebt hervor, die Anthropologen könnten sicher von der Darstellung des Ödipuskomplexes profitieren, aber analytisch erbringe die Arbeit nichts Neues, die systematische, penibel genaue Beschreibung mit abstrakten Ableitungen erschwere die Lektüre und entbehre v.a. eigener Leitideen.

Das Interesse an Anthropologie teilte Money-Kyrle wohl mit seiner Frau, die in Wien ihre Bachelorarbeit in diesem Fach geschrieben hatte

letters about my father from all over the world, but still would like to say that I am grateful for yours. I owe him still more than everybody else and I am glad to know that I am not alone in carrying such a debt. Very sincerely yours« (PP/RMK/C1).

(2022 [1978], S. 20). Er verfolgt jetzt u.a. die Arbeiten von Roheim, bespricht sie und übersetzt dessen Bücher. Es wirkt, als sehe er seinen eigenen wissenschaftlichen Beitrag in einer quasi logischen Anwendung analytischer Figuren, in erster Linie der Schicksale des Ödipuskomplexes, indem er sie mit den Essenzen anthropologischer Forschung verknüpft. Die abstrakt systematische Diskussion analytischer Konzepte kennzeichnet auch die ersten Artikel Money-Kyrles, sie wirken ein Stück weit »papieren«, weshalb wir sie nicht in diesen Band aufgenommen haben. Auch sein Buch *The Development of the Sexual Impulses* (1932) hat noch etwas davon, wie schon der Verlagsankündigung zu entnehmen ist: »In dieser Studie sucht der Autor Ordnung und Kohärenz in seine Vorstellungen über die Psychoanalyse und die Beziehungen dieser Wissenschaft zur Philosophie, Physiologie, Biologie, Anthropologie, Soziologie und Ethik zu bringen, und stellt ein System zur Betrachtung des Bereichs der Entwicklung der sexuellen Impulse vor« (Übers. C. F).

Aber in der Skizze der individuellen Entwicklung aus psychoanalytischer Sicht (im Kapitel V, »The Ontogenesis of Impulses«) wird der Bezug zu persönlichen Erfahrungen, die – wie er im Vorwort schreibt – bisher einzig als Beweise für psychoanalytische Überlegungen dienen, spürbar. Er bezieht sich auf Beobachtungen an Kindern – und hat möglicherweise Szenen mit seinen eigenen Söhnen im Sinn, wenn er u.a. schreibt, welch großes Vergnügen kleine Jungs daran finden, ihre Blase zu entleeren (S. 152). Hier finden sich auch sehr weitsichtige Ausführung zu Projektion und Introjektion, so dass wir mit diesen Passagen Money-Kyrles Beiträge zur Theorie eröffnen. Er benennt, wie ein Begehren als eigenes nach außen verlagert und verleugnet [»disowned«] und einem anderen zugeschrieben werden kann, also zum Beispiel eigene sadistische Regungen, die man als solche abgespalten hat, bei anderen beklagt werden. Oder er beschreibt, wie eine Introjektion eigentlich eine Re-Introjektion von etwas zuvor Projiziertem ist.

Man kann vermuten, dass er in theoretischer Begrifflichkeit zusammenfasst, was er u.a. in Vorträgen und Publikationen aus Kinderanalysen erfuhr. Auch wenn er in diesem Buch sich nicht auf Melanie Klein bezieht – ebenso wenig wie beispielsweise auf Karl Abraham, wenn er auf die beiden Unterstadien der oralen Phase (S. 146f.) zu sprechen kommt –, so ist kaum vorstellbar, dass er sie nicht kannte und rezipierte. Er wird möglicherweise Beispiele vor Augen gehabt haben, wie Klein sie ab 1926 veröffentlichte. Sie stieß in ihren ersten Kinderanalysen in Berlin auf frühe Schuldgefühle, beschrieb dementsprechend ein frühes strenges Über-Ich und die frühe Ödipus-Situation. 1923 hatte Klein die 2¾-jährige Rita behandelt, die beispielsweise für einen Moment »Mutter« spielte, um dann angstvoll zu betonen, nicht die Mutter zu sein (vgl. Frank 1999, S. 217; 231). Sie hatte, so kann man annehmen, sich die mütterliche Funktion räuberisch konkret angeeignet und musste dies nun unbewusst aus Angst vor den Folgen als nicht zu ihr gehörig ansehen. Viele weitere Beispiele ließen sich anführen, u.a. das zeitraubende Schlafzeremoniell, das Rita einforderte. »Sein Kern bestand darin, daß sie sich in die Bettdecke fest verpacken ließ, sonst würde ›eine Maus oder ein Butzen, der durch das Fenster käme, ihren Butzen wegbeißen‹« (1926, S. 369). Wie konkret eigene Impulse projiziert werden und welche Sicherungsmaßnahmen dann durchzuführen sind, wird hier exemplarisch deutlich.

Klein erachtete die Entdeckung des unbewussten Schuldgefühls und die Theorie des Über-Ichs als entscheidende Weiterentwicklung, die sich unmittelbar auch in ihrer Behandlungstechnik niederschlugen (indem zum Beispiel die daraus hervorgehenden Ängste gedeutet werden). In ihren Vorlesungen stellte sie 1936 aber auch fest, dass das Konzept des Über-Ichs größtenteils keine Auswirkungen auf die Technik hatte (vgl. auch Frank 2004), d.h. die Chance, die Dynamik verstehend zu durchdringen und durchzuarbeiten nicht wahrgenommen wurde. Ausweichbewegungen, wie sie u.a. Ferenczi und Rank sowie in anderer Weise Alexander vorschlugen, könnten zu einem Unterminieren der Fundamente unserer Arbeit führen (2019 [1936], S. 61ff.) – ein Phänomen, das von der Sache her auch heute nicht unbekannt ist. Money-Kyrle sollte später als praktizierender Analytiker wesentlich zur Weiterentwicklung der Technik beitragen (vgl. Bd. 2). Zunächst aber arbeitet er in einer Arbeit zur angewandten Psychoanalyse *Eine psychoanalytische Untersuchung der Stimmen von Jeanne d'Arc* 1933 Komponenten der Über-Ich-Strukturen anschaulich und spätere Entwicklungen vorwegnehmend heraus.

Freud hatte das Über-Ich als Erbe des Ödipuskomplexes eingeführt und hebt dabei vor allem auf die Rolle des Vaters ab.[3] Wenn Money-Kyrle nun die Stimmen verschiedener Heiliger, die Jeanne d'Arc hört, als Über-Ich-

3 Die Freud'sche Vorstellung einer internalisierten väterlichen Figur, die straft (Inzestverbot), charakterisierte John Steiner später als paranoid-schizoide Version des Ödipuskomplexes.

Stimmen versteht, so beinhaltet dies zugleich, dass es sich um Stimmen beiderlei Geschlechts handelt, also beider Elternteile. Eindrücklich wird die Mehrstimmigkeit des Über-Ichs herausgearbeitet, wenn er ausführt, wie Jeanne d'Arcs Stimmen zum einen Verbote aussprechen, zum anderen auch Befehle und Aufträge geben, darüber hinaus »Wiedergutmachung [restitution]« fordern und außerdem auch Hilfe und Trost spenden können. Hier klingt schon die Komplexität an, die man später als Über-Ich-Organisationen unterschiedlicher Qualität fassen wird. Insbesondere die letzten beide Aspekte sind zu jener Zeit noch wenig im Blick.

Nachdem Freud in *Das Unbehagen in der Kultur* den Todestrieb klinisch beschrieben hatte, scheint Melanie Klein ihn nun für das Verständnis ihrer klinischen Erfahrungen rezipieren zu können (vgl. Frank 2009), und dementsprechend wird er in ihrer Lesart fortan in ihrer Theoriebildung eine zentrale Rolle spielen. Bezüglich des Über-Ichs verknüpft sie 1932 in einem Kapitel über »Frühstadien des Ödipuskonflikts und der Über-Ich-Bildung« in *Die Psychoanalyse des Kindes* den Todestrieb mit dem Über-Ich, in das ein Teil der destruktiven Triebregungen ausgelagert werde (S. 167f.). Money-Kyrle hingegen kommentierte in seinem ebenfalls 1932 erschienenen Buch *Aspasia*, Freud habe ein neues Naturgesetz, nämlich das Gesetz der Unzerstörbarkeit des Hasses (analog zur Unzerstörbarkeit von Energie) eingeführt, was zu pessimistisch sei (1932, S. 27). Er versteht Aggressivität als Ergebnis von Frustration der sexuellen Impulse, so dass – verzichte man auf ein strenges Verbot derselben – die Zukunft sich rosiger gestalten könne (vgl. auch Frank 2022).

Aber im gleichen Jahr hört er Hitler und Goebbels und in der Auseinandersetzung mit der Bedrohung durch Hitler-Deutschland (siehe dazu Weiß/Frank 2022; Frank 2022) beschäftigt er sich fortan mit der Frage, was es braucht, damit das Dynamit, das quasi jeder in seinen Taschen mit sich herumtrage (2022 [1934] S. 26), nicht seine desaströse Wirkung entfalte. Nun schien ihm »Melanie Kleins Unterscheidung zwischen Verfolgungsangst (oder Verfolgungsschuld) und depressiver Angst (oder depressiven Schuldgefühlen)« (in diesem Bd., S. 149) hilfreich und nicht mehr der ethische Relativismus, dem er bis dato anhing. In den Kriegsjahren – er ist inzwischen in Lehranalyse bei M. Klein – befasst er sich mit Überlegungen, was der psychoanalytische Beitrag zur Ethik sein könne (1942) bzw. mit einigen Aspekten politischer Ethik aus psychoanalytischer Sicht. Er stellt die Frage, wie eine »normale Moralität« beschaffen ist und mit welchen pathologischen Versionen wir es zu tun haben (vgl. Frank 2023). In nächsten Band werden wir *Auf dem Weg zu einem gemeinsamen Ziel: Ein psychoanalytischer Beitrag zu ethischen Fragen* mit seinen weiteren Beiträgen zur Philosophie und Ethik vorlegen.

In Money-Kyrles 1951 veröffentlichter Arbeit *Anmerkungen zu Staat und Charakter in Deutschland* (s. Bd. 1), in denen er seine Erfahrungen als Mitarbeiter des German Personnel Research Branch in der britisch besetzten Zone des besiegten Deutschland 1946 auswertet, unterschied er zwei grundsätzlich verschiedene Qualitäten von Über-Ich-Strukturen, die er idealtypisch charakterisiert: Den einen, wesentlich häufiger anzutreffenden Typ bezeichnet er als autoritär, den anderen als humanistisch. Ersterer forderte gewissenhafte Pflichterfüllung, einen bedingungslosen Gehorsam gegenüber Autoritäten. Schuldig fühlten sich deren Vertreter, wenn sie in sich einen Widerstand gegen die Machenschaften des Regimes spürten. Dann fühlten sie sich schlecht und verurteilten sich dafür. Im Gegensatz dazu fühlten sich diejenigen, deren Über-Ich-Struktur er humanistisch nannte, dann schuldig, wenn sie den Machenschaften nicht genügend entgegensetzten. Diese Menschen waren freier, zu eigenen Einschätzungen zu stehen, reagierten bekümmert und verzweifelt angesichts des Leids, das anderen widerfuhr.

Nach seiner Rückkehr wird er als nun praktizierender Analytiker nochmals anders in Klinik und Theorie der Psychoanalyse eintauchen. Nehmen wir zunächst den vorigen Faden des Todestriebs wieder auf, so verfasst er 1955 den *Versuch eines Beitrags zur Theorie des Todestriebs*. Wir lernen hier sein systematisches Argumentieren kennen und wie er – auf der Grundlage der Darwin'schen Prämisse – zu dem Schluss kommt, im Todestrieb ein psychisches Korrelat zur Entropie zu sehen.

Im gleichen Jahr verfasst er die Einleitung zu dem von Paula Heimann, Melanie Klein und ihm selbst herausgegebenem Sammelband *New Directions in Psychoanalysis. The Significance of Infant Conflict in the Pattern of Adult Behaviour*. Auf sehr eigenständige, originelle Weise führt er eine breitere Leserschaft in die Entwicklung der psychoanalytischen Theorie und Technik sowie Melanie Kleins Anteil an dieser Entwicklung ein. Er veranschaulicht, wie mit Kleins Erfassen der frühen, höchst konflikthaften Beziehung des Säuglings zu seinem lebensnotwendigen Objekt sich das Spektrum der analytisch zu behandelnden Patienten erweiterte. Hingewiesen sei an dieser Stelle nur noch auf seine Charakterisierungen hinsichtlich zweier Leitbegriffe unserer Einleitung. Money-Kyrle benennt hier – anders als 1932, wie wir zuvor sahen – die basale Rolle der Aggression im Unbewussten, welche Freud Todestrieb genannt habe. Bezüglich des Über-Ichs unterstreicht er Freuds Entdeckung, nach der dieses »Über-Ich eine viel mächtigere und archaischere Kraft ist als das ›bewusste Gewissen‹, das nur einen kleinen Teil des Über-Ichs ausmacht« (in diesem Bd. S. 69)

Klein wird 1958 extrem schreckenerregende Figuren, die nicht integriert und modifiziert werden können, im tiefen Unbewussten verorten und davon das Über-Ich abgrenzen, was zwar streng sein kann, aber im Verlauf des Integrationsprozess eine Entwicklung und Veränderung erfährt. Dieses Über-Ich entfalte schließlich ein breites Spektrum an Aktivitäten (vgl. Klein 1958). Money-Kyrle wird die Idee der Modifizierbarkeit zehn Jahre später in seiner Weise aufnehmen.

Auf dem Weg zu dieser zentralen Arbeit verfasst er zunächst *Gelingen und Misslingen seelischer Reifungsprozesse* (1965). Er skizziert, wie man sich den Aufbau einer konzeptuellen Pyramide vorstellen kann, um dann auf die Faktoren zu sprechen zu kommen, die zu einem Misslingen führen können, bei denen Neid an erster Stelle steht, der die Entwicklung quasi schon in ihren Grundfesten angreift. Weitere Hindernisse sind auf dem Weg der Ausdifferenzierung zu gewärtigen. Die letzte große Schwierigkeit hin zur seelischen Reife sieht er im Erkennen der eigenen Ambivalenz. Es bedarf dazu, die Abwehr gegen die Depression aufzugeben, »die aus der Erkenntnis stammt, dass es in der inneren Welt sowohl die guten als auch die bösen Objekte sind, gegen die sich die destruktiven Impulse eines gut-bösen Selbst nur allzu effektiv gerichtet haben« (in diesem Bd. S. 113). Er übernimmt Bions Begriff von Präkonzepten und schildert, über welche Stadien schließlich Konzepte entstehen.

Zur Veranschaulichung greift Money-Kyrle immer wieder auf Vignetten aus Analysen zurück. Um aber eher eine nachvollziehbare Vorstellung davon zu erhalten, wie in einer Analyse die Entwicklung von zunächst somatisch Erlebtem über konkrete Repräsentation in einem Traum zu schließlich verbalem Denken möglich wurde, sei auf Edna O'Shaughnessys Arbeit »Durchsprechen und Durcharbeiten« (1991[1983], S.188ff.) verwiesen. Sie lässt uns im Detail teilhaben an dem Prozess, wie sie die Projektionen des Patienten aufnahm, sie nicht agierte, sondern zu verstehen suchte und ihre Bedeutung im Übertragungs-Gegenübertragungsgeschehen deutete.

Und schließlich bildet *Kognitive Entwicklung* (1968) den Höhepunkt von Money-Kyrles theoretischem Durchdringen der Grundlagen unserer Wissenschaft. Er skizziert hierin drei Stadien des Nachdenkens über seelische Krankheiten. In der ersten wurden seelische Erkrankungen als Ergebnis sexueller Hemmungen angesehen – und dieser Auffassung, die, wie er meint, leicht zu sehr oberflächlichen Analysen führen könnte, hing auch er selbst in seinen Anfängen an. Im zweiten Stadium sei er vor allem davon ausgegangen, sie als Ergebnis eines unbewussten moralischen Konflikts zu verstehen. Und im aktuellen dritten Stadium sieht er sie in erster Linie im Kontext unbewusster Misskonzeptionen und wahnartiger Vorstellungen. So sieht er beispielsweise auch das strenge Über-Ich als eine Misskonzeption an, welche durch Projektion von Aggression vom Ich ins Über-Ich zustande kam und so zu einer intrapsychischen Paranoia führt. Der Leser wird sich erinnern, dass Money-Kyrle die Mechanismen eines innerpsychischen Größenwahns bzw. einer innerpsychischen Paranoia bereits 1965 klinisch fruchtbar aufgezeigt hatte (vgl. Bd. 2). Gelingt während der Entwicklung – bzw. der Analyse – eine Rücknahme und Integration des Projizierten, wird eine Modifikation möglich, um den Bogen nochmals zu Melanie Kleins Beitrag von 1958 zu schlagen. Als weitreichende systematische theoretische Grundlegung unserer Wissenschaft scheint uns die Idee unbewusster Misskonzeptionen zentral. Wir hoffen, ihr ungeheures Potenzial wird in künftigen Beiträgen weiter ausgeschöpft.

In bis jetzt nicht publiziertem Material gibt Money-Kyrle dazu durchaus selbst weitere Anstöße, die deshalb hier kurz skizziert werden sollen. Er war wohl Mitte/Ende der 1970er-Jahre verschiedentlich gebeten worden, mehr über die angeborenen Präkonzepte zu schreiben. In den Archivunterlagen der *Collection Money-Kyrle, R. E. (Roger Ernle), 1898–1980* finden sich handschriftliche und maschinenschriftlich Entwürfe hierzu (PP/RMK/G1/28), die allermeisten undatiert. Ein Manuskript mit der Überschrift *Innate Preconceptions* (handschriftlich hinzugefügt: 3. Entwurf) leitet er in der ihm eigenen Weise mit der Bemerkung ein, beim Versuch, diesen Bitten nachzukommen, habe er festgestellt, es nicht zu vermögen. Dies habe ihn an den bedeutenden Mathematiker erinnert, der, als er im hohen Alter feststellte, dass er nicht mehr mathematisch arbeiten [do mathematics] konnte, sich beinahe umbrachte. »Ich glaube, ich habe früher geschrieben, indem ich mit mir selbst redete, verschiedene Versionen gegeneinander abwog und aufschrieb, was mir am besten erschien. Aber jetzt kann ich mich nicht mehr lange genug an die verschiedenen Versionen erinnern, um sie zu vergleichen. Oder vielleicht hindert ein ›böser Junge‹-Teil in mir einen ›Vater-Teil von mir‹ daran, mit einem ›Stift‹ etwas ›Kreatives‹ zu schreiben« (Übers. C.F). Insbesondere ein (maschinengeschriebenes) Manuskript mit dem Titel *Innate Preconceptions, Conceptions and Misconceptions*, dessen vermutlich letzte sechsseitige Version er handschriftlich am Ende mit »RMK 23/II/79« versah, enthält aber durchaus anregende und klärende Ausführungen.

Es scheine offensichtlich, so sein Ausgangspunkt, dass unter den angeborenen Präkonzeptionen die der Brust und des Verkehrs von besonderer Bedeutung sind und beide wahrscheinlich Entwicklungsprozesse unter dem Einfluss von zwei Variablen durchlaufen: einer angeborenen und einer umweltbedingten. In jeder Entwicklungsstufe sei das Endprodukt entweder eine Konzeption oder eine Misskonzeption. Diese beiden Alternativen stimmten wahrscheinlich mit den »guten« und »bösen« Aspekten der Produkte der Spaltung und der Idealisierung überein, wie sie von Melanie Klein beschrieben wurden. In beiden fände sich dieselbe moralistische Unterscheidung von Gegensätzen, d.h. in den »guten und »bösen« Idealisierungen sowie in den »Konzeptionen« und »Misskonzeptionen«. Money-Kyrle überlegt, ob sie dem Material inhärent seien oder projiziert würden, und kommt zu dem Schluss, sie seien wohl bei allen Menschen inhärent, zumindest unbewusst, wenn nicht sogar bewusst. Es scheine also wahrscheinlich, dass Moralität selbst eine angeborene Präkonzeption sei – und es daher vermutlich auch moralische Misskonzeptionen gebe.

Im Weiteren überlegt er, dass es auch »böse Präkonzeptionen« geben müsse – »vergleichbar vielleicht mit einer kreuzförmigen Figur, die sich mit dem kurzen Ende zuerst bewegt (in Form eines Habichts) und junge Enten erschreckt« (Übers. C.F.). Es folgen Überlegungen zu Präkonzeptionen von Beziehungen zwischen diesen Objekten. Es scheint ihm, »dass ein durchschnittliches Baby in einem durchschnittlichen Elternhaus genügend angeborene Präkonzepte und ihre ›Realisierungen‹ in der Umwelt mitbringt, um die Vorstellung einer ›guten Familie‹ mit Vater, Mutter und Geschwistern aufzubauen, die es ›verinnerlicht‹ oder ›introjiziert‹, um den Kern seines eigenen Wesens zu bilden. Oder vielleicht ließe sich zutreffender sagen, dass es zwei innere Welten aufbaut, eine gute und eine böse, dass aber die gute massiv überwiegt. Wenn er also tatsächlich eine überwiegend böse Welt aufbaut, ist das viel wahrscheinlicher eine durch Neid, Eifersucht und Gier hervorgerufene ›Misskonzeption‹ als eine wahre ›Konzeption‹« (Übers. C. F).

Wie die Wirkung von unbewusstem Neid wirksam wird, illustriert er dabei auch an sich selbst. Er sei bewusst kein sehr neidischer Mensch. »Aber einmal, nachdem ich in einem besonders schönen Haus auf dem Lande zu einem Mittagessen eingeladen worden war, für das ich wirklich dankbar war, erinnere ich mich, dass ich träumte, mit dem Auto durch den Park zu fahren – was ich tatsächlich getan hatte –, aber der Park war eine Wüste« (Übers. C. F.). Wir haben hier also die Wüste als Misskonzeption der »nahrhaften«, lebendigen Erfahrung, die er machte. Immer wieder zeigt Money-Kyrle auf, was es jeweils zu untersuchen gilt. Zum Beispiel im Falle eines alten Mannes, der glaubt, die Welt gehe vor die Hunde: Zum einen könne er unbewusst die bessere Welt angreifen, die er nicht mehr erleben werde. Zum anderen sei es aber auch möglich, dass er in Wirklichkeit sieht oder ahnt, dass das Ausmaß an Neid in dem Umgang mit unseren Angelegenheiten stark zugenommen habe. Am Ende spricht er von vielen ungelösten Problemen, die viel Arbeit erforderten – also eine Einladung an uns, diese zu leisten.

Den Abschluss dieses Bandes bildet Money-Kyrles 1979 verfasster *Rückblick und Ausblick,* aus dem wir schon verschiedentlich zitierten. Die Britische Psychoanalytische Gesellschaft hatte seinem Werk einen wissenschaftlichen Abend gewidmet, was ihm Anlass war auszuführen, was ihn jeweils zum Schreiben seiner Beiträge bewogen hatte. Die letzten Abschnitte umfassen den Rückblick auf *Kognitive Entwicklung* – und er endet mit dem Ausblick, dass nach den drei von ihm beschriebenen Phasen es sicher eine weitere geben werde. Hatten wir dem ersten Band der *Ausgewählten Schriften* seine 1977 verfasste *Autobiographische Notiz* vorangestellt, so findet der Leser in dem diesem Band hintangestellten *Rückblick und Ausblick* in der Money-Kyrle eigenen Art eine Verortung seiner theoretischen Beiträge.

Es bleibt uns noch, Meg Harris Williams und dem Harris Meltzer Trust (Crondall) für die Überlassung der Rechte für die deutsche Übersetzung der hier abgedruckten Kapitel aus den *Collected Papers* zu danken. PLS-clear danken wir dafür, dass die Rechte für die deutsche Übersetzung der Passagen aus *The Development of the Sexual Impulses* (Money-Kyrle 1932) mit Genehmigung des Lizenzgebers ermöglicht wurden.

Antje Vaihinger (Gießen) hat die Übersetzungsarbeiten wieder in der ihr eigenen Präzision und Sorgfalt durchgeführt. Ihr gilt ebenso unser Dank wie unserem Verleger, Roland Apsel, für seine Unterstützung.

Stuttgart, im Juli 2023 *Claudia Frank / Heinz Weiß*

Literatur

Frank, C. (1999): Melanie Kleins erste Kinderanalysen – die Entdeckung des Kindes als Objekt sui generis von Heilen und Forschen. Stuttgart: frommann-holzboog.

Frank, C. (2004): »[...] the so-called analytic attitude«. Zu unpublizierten Ausführungen Melanie Kleins über die Grundhaltung bei Erwachsenenanalysen. In: Zeitschrift für psychoanalytische Theorie und Praxis, 19, 289–308.

Frank, C. (2009): Das »Melanie-Klein-Problem«. Zur Publikationsgeschichte der Psychoanalyse des Kindes. In: Luzifer-Amor 44, 99–139.

Frank, C. (2022): »Außenpolitik und Ideale« (1938), »Prevention of War« (1946), Interviews in Deutschland 1946. Funde aus dem Archiv zu R. Money-Kyrles Engagement vor und nach dem Zweiten Weltkrieg. In: Werthmann-Resch, L. et al. (Hg.): Nachträglichkeit – Deferred Action – Après-coup. Herbsttagung der DPV 2022. Gießen: Psychosozial, 426–440.

Frank, C. (2023): »Disingenuous smooth-tongued opportunist«; »Influence on others: BAD«; »clear thinker and humane«. Zu Roger Money-Kyrles Mitarbeit beim G.P.R.B. in Deutschland 1946. In: Luzifer-Amor 71, 171–187.

Freud, S. (1923b): Das Ich und das Es. GW 13, 237–289.

Freud, S., May, U. & Schröter, M. (2018): Das Ich und das Es. Entwurfsfassung von Juli/August 1922. In: Luzifer-Amor. Zeitschrift zur Geschichte der Psychoanalyse 31, 8–37.

Klein, M. (1926): Die psychologischen Grundlagen der Frühanalyse. In: Imago 12, 365–376.

Klein, M. (1932): Die Psychoanalyse des Kindes. GSK II.

Klein, M. (1958): Zur Entwicklung psychischen Funktionierens. GSK III, 369–386.

Klein, M. (2019 [2017]): Vorlesungen zur Behandlungstechnik, hg. u. komm. von J. Steiner. Gießen: Psychosozial.

Money-Kyrle, R. (1930): The Meaning of Sacrifice. London: Hogarth Press.

Money-Kyrle, R. (1932): Aspasia. London: Kegan Paul.

Money-Kyrle, R. (1932): The Development of the Sexual Impulses. London: Kegan Paul.

Money-Kyrle, R. (1933): A psychoanalytic study of the voices of Joan of Arc. In: Brit. Journ. med. Psychol. 13, 63–81. Und in: Ders. (1978). Dt.: Eine psychoanalytische Untersuchung der Stimmen von Jeanne d'Arc. In diesem Band.

Money-Kyrle, R. (2022[1934]): Eine psychologische Analyse von Kriegsursachen, In: Ders.: Die Psychologie von Krieg und Propaganda. Ausgewählte Schriften Band I., hg v. H. Weiß und C. Frank, 25–33.

Money-Kyrle, R. (2022[1951]): Anmerkungen zu Staat und Charakter in Deutschland. In: Ders.: Klinische Beiträge. Ausgewählte Schriften Band II, hg. v. C. Frank und H. Weiß. 27–43.

Money-Kyrle, R. (1955a): Introduction. In: M. Klein, P. Heimann & R. E. Money-Kyrle (Hg.). New Directions in Psychoanalysis. London: Tavistock. Dt.: Einleitung. In diesem Band.

Money-Kyrle, R. (1955b): An inconclusive contribution to the theory of the death instinct. In: New Directions in Psychoanalysis. London: Tavistock. Und in: Ders. (1978). Dt.: Versuch eines Beitrags zur Theorie des Todestriebs. In diesem Band.

Money-Kyrle, R. (2022[1965]): Größenwahn. In: Ders.: Klinische Beiträge. Ausgewählte Schriften Band II, hg. v. C. Frank und H. Weiß, 75–90.

Money-Kyrle, R. (1965): Success and failure in mental maturation. Sci. Bull. Brit. Psycho-Anal. Soc. 1, 1, 46–52. Und in Ders. (1978). Dt.: Gelingen und Misslingen seelischer Reifungsprozesse. In diesem Bd.

Money-Kyrle, R. (1968): Cognitive development. Int. J. Psychoanal. 49, 691–698. Und in: Ders. (1978). Dt.: Kognitive Entwicklung. In diesem Bd.

Money-Kyrle, R. (1978): The Collected Papers of Roger Money-Kyrle. StrathTay [Perthshire, Scotland]: Clunie Press.

-Archivmaterial der Collection Money-Kyrle, R. E. (Roger Ernle), 1898–1980.

O'Shaughnessy, E. (1991[1983): Durchsprechen und Durcharbeiten. In; E. Spillius (Hg.): Melanie Klein heute, Bd. 2 Anwendungen. München/Wien: Verlag Internationale Psychoanalyse, 186–204.

Reik, T. (1931): The Meaning of Sacrifice. By R. Money-Kyrle. (The International Psychoanalytical Library, No. 16, London, 1930. Pp. 273. Price 18 s.). In: International Journal of Psychoanalysis 12,370–371.

Rice, O. (1932): Review of The Meaning of Sacrifice [Review of the book The meaning of sacrifice, by R. Money-Kyrle]. In: Psychological Bulletin, 29(5), 360–361.

Weiss, H. (2020): A brief history of the super-ego with an introduction to three papers. In: International Journal of Psychoanalysis 101, 724–734.

Einführung zu Kapitel 1

Roger Money-Kyrles Buch *The Development of the Sexual Impulses* (1932) erschien im gleichen Jahr, in dem auch Melanie Kleins *Die Psychoanalyse des Kindes* (Klein 1932) publiziert wurde. Er nimmt in seinem Werk noch nicht auf Kleins kinderanalytische Erfahrungen Bezug, die damals innerhalb der Britischen Psychoanalytischen Gesellschaft bereits eine wichtige Rolle spielten. Ausgangspunkt ist vielmehr Freuds Theorie der psychosexuellen Entwicklung sowie die Stellung der psychoanalytischen Theorie im Vergleich zu den anderen Wissenschaften. »Mein ursprüngliches Motiv, dieses Buch zu schreiben«, erklärt Money-Kyrle, »war ein intellektuelles Unbehagen, ein Wunsch, mir Klarheit zu verschaffen, Ordnung und Zusammenhalt in meine Ideen über Psychoanalyse und die Beziehungen dieser Wissenschaft zu Philosophie, Physiologie, Biologie, Anthropologie und Ethik zu gewinnen« (S. 1; Übers. H. W.).

Entsprechend breitgefächert sind seine Ausführungen zu den philosophischen Grundlagen der Psychologie, zu Behaviorismus und Interaktionismus, den Evolutionstheorien Darwins und Lamarcks sowie zur Phylogenese und Ontogenese der Triebregungen, wobei Money-Kyrle die Psychoanalyse dort verortet, wo Biologie und kulturelle Entwicklung aufeinanderstoßen. Eingestreut finden sich Überlegungen, die, so könnte man sagen, spätere kleinianische Konzepte bis zu einem gewissen Grad vorwegnehmen. Dabei vertritt er durchaus eigenständige Positionen. Er äußert sich zurückhaltend-differenzierend zu Freuds Todestriebkonzept – von ihm noch vor Stracheys Übersetzung als »death impulse« bezeichnet (Money-Kyrle 1932, S. 72–73) –, das er vor allem als Ausdruck des Bestrebens sieht, die monistische Tendenz der Triebtheorie zugunsten einer dualistischen Metapsychologie zu überwinden, in deren Mittelpunkt nun der Antagonismus zwischen Eros und Thanatos steht. Von besonderer Bedeutung sind seine Ausführungen zur Entstehung des Über-Ich, wobei er hier auf seine bereits in *The Meaning of Sacrifice* (Money-Kyrle 1930) entwickelten Überlegungen zur Rolle projektiver Prozesse zurückgreifen kann.

Hatte er dort postuliert, dass die Angst des Sohnes vor dem Vater auch aus einer Projektion seiner eigenen aggressiven Impulse in den Vater resultiere und ein Unterschied zwischen Introjektion und Identifizierurng darin bestehe, dass erstere die Aufgabe des Objekts erfordere, wohingegen letztere darauf beruhe, dass das Objekt weiterbestehe (Money-Kyrle 1930, S. 51–52), so beschreibt er in *The Development of the Sexual Impulses* die Rolle von projektiven und introjektiven Prozessen bei der Entstehung des Über-Ichs: Das Über-Ich werde »durch die Introjektion eines Konzepts des Vaters gebildet, das ursprünglich aus der Projektion eigener aggressiver Tendenzen« (Money-Kyrle 1932, S. 133; Übers. H. W.) hervorgehe.

Dies wirft die Frage nach der Natur projektiver und introjektiver Prozesse auf. In gewisser Weise kann man Money-Kyrle zu jenen Autoren rechnen, die Kleins Konzept der projektiven und introjektiven Identifizierung mit vorbereitet haben und in Teilen vorwegnehmen (vgl. Frank, Weiß 2007). Der Begriff »projektive Identifizierung« taucht erstmals 1925 bei Edoardo Weiss auf, dem es – ganz ähnlich wie in der hier übersetzten Passage Money-Kyrles – um die »gegengeschlechtliche Projektion«, also um die Projektion weiblicher bzw. männlicher Anteile geht. Weiss hatte die Introjektion als »Angleichung« des Ichs an das Objekt, die Projektion als »Angleichung« des Objekts an das Ich gesehen, ohne jedoch die Abspaltung und den Verlust von Teilen des Selbst näher zu thematisieren, die für Kleins Konzept der »projektiven Identifizierung« charakteristisch sind (Klein 1946). Ohne diesen Begriff zu verwenden, hatte Hermann Nunberg allerdings schon 1921 – also noch vor Freuds (1923b) Einführung der »Strukturtheorie« – die Verbindung von Spaltung, Projektion und der Entstehung von Verfolgungsangst in der Behandlung eines schizophrenen Patienten klar beschrieben. Außerhalb der kleinianischen Tradition weist auch die Arbeit von Richard Knight (1940) *Introjection, Projection and Identification* in die gleiche Richtung. Knight geht darin u.a. auf die Beziehung projektiver Prozesse zum Neiderleben und zur Aufhebung von Getrenntheit ein.

Die hier abgedruckten Überlegungen sind dem Kapitel *The Ontogenesis of Impulses* aus Money-Kyrles Buch entnommen. Sie nehmen ihren Ausgang vom »Gefühl des Einsseins zwischen Liebenden« und untersuchen die Rolle, die projektive und introjektive Prozesse dabei spielen. Interessanterweise verweist Money-Kyrle auf Max Schelers 1923 in Neuauflage erschienenes Werk *Wesen und Formen der Sympathie* und argumentiert, dass das Einfühlungsvermögen weder allein auf Imitation noch auf Telepathie beruhe, sondern aus der Projektion eigener Gefühlszustände in Andere hervorgehe – eine Eigenschaft, die wir heute der (entwicklungsfördernden) projektiven Identifizierung als Grundlage jeder Fähigkeit zur Empathie zuschreiben. Sodann spricht er im Zusammenhang mit der Projektion davon, dass durch diese Anteile des Selbst verleugnet, entäußert und in einem Anderen untergebracht werden könnten. Er verwendet hierfür das Wort »*disowned*«, also wörtlich »enteignet«, was sich von der üblichen Übersetzung des Freud'schen Begriffs »Verleugnung« als »denial« dahingehend unterscheidet, dass es einen spezifischen Aspekt dieser Verleugnung betont, nämlich die zumindest teilweise Hinausbeförderung der projizierten Gefühlszustände aus dem eigenen Selbst. Insofern kommt Money-Kyrles Verwendung des Begriffs »Projektion« Melanie Kleins späterem Konzept der »projektiven Identifizierung« nahe. Schließlich weist er im Abschnitt über die Introjektion daraufhin, dass es sich stets um die Reintrojektion von etwas zuvor Projiziertem handelt.

Money-Kyrles Überlegung zu Projektion, Introjektion und Identifizierung sind deshalb im Vorfeld dessen zu verorten, was Melanie Klein später klinisch und theoretisch prägnant als projektive und introjektive Identifizierung fasste. Hanna Segal glaubte, sich an eine entsprechende Mitteilung Melanie Kleins zu erinnern, in der diese den Beitrag Money-Kyrles zur Entwicklung ihrer Begrifflichkeit hervorhob (Segal 2006, persönliche Mitteilung).

Heinz Weiß

Literatur

Frank, C., Weiß, H. (Hg.) (2007): Projektive Identifizierung. Ein Schlüsselkonzept der psychoanalytischen Therapie. Stuttgart: Klett-Cotta.

Freud, S. (1923b): Das Ich und das Es. In: GW 13, 237–289.

Klein, M. (1932): Die Psychoanalyse des Kindes. In: Ges. Schr. Bd. II.

Klein, M. (1946); Bemerkungen über einige schizoide Mechanismen. In: Ges. Schr., Bd. III, 1–41.

Knight, R. (1940 [1938]): Projection, introjections and identification. In: Psa. Quart. 9, 334–341.

Money-Kyrle, R. (1930): The Meaning of Sacrifice (eds. Leonard and Virginia Woolf). London: Hogarth.

Money-Kyrle, R. (1932): The Development of the Sexual Impulses. London: Kegan Paul.

Nunberg, H. (1921): Der Verlauf des Libidokonfliktes in einem Falle von Schizophrenie. In: Int. Zschr. Psychoanal. 7, 301–345.

Segal, H. (2006): persönliche Mitteilung.

Scheler, M. (1923): Wesen und Formen der Sympathie. Bonn: Verlag Friedrich Cohen.

Weiss, E. (1925): Über eine noch nicht beschriebene Phase der Entwicklung zur heterosexuellen Liebe. In: Int. Zschr. Psychoanal. 11, 76–90.

Kapitel 1

Zur Ontogenese der Triebregungen. Projektion und Introjektion aus »Die Entwicklung der Sexuellen Triebe« (1932)

Nach Auffassung der Assoziationspsychologen sind Sympathie und Zuneigung entweder das, was wir empfinden, wenn wir die Gestik anderer Menschen nachahmen oder uns an diese Empfindung erinnern. Zwar haben die intuitionistischen Philosophen nachgewiesen, dass diese Theorie unzulänglich ist,[1] aber sie hat wenigstens den Vorteil, dass sie keine grundlegend neuen Postulate erfordert. Dagegen setzt Intuitionismus eine Art telepathischer Kommunikation voraus. Und obwohl die Theorie der Telepathie unter logischen Gesichtspunkten keineswegs unmöglich ist, scheint es in der Natur außer einem Mangel an mechanischem Einfallsreichtum, um sich alternative Erklärungen für vorhandene Fakten auszudenken, nichts zu geben, was irgendjemanden dazu verleiten könnte, sie für wahr zu halten. Deshalb müssen wir uns an die Auffassung der Assoziationspsychologen halten, um zunächst einmal darzustellen, wie sich Sympathie und Zuneigung und insbesondere das Gefühls des Einsseins zwischen Liebenden entwickeln.

Wenn wir uns vorstellen, intuitiv in einem Anderen etwas wahrzunehmen, projizieren wir höchstwahrscheinlich etwas, das ursprünglich in uns selbst war, und das trifft zu, unabhängig davon, ob wir das, was wir sehen, verächtlich oder großartig finden. Und so, wie wir Andere ablehnen und dabei in ihnen etwas sehen, was eigentlich zu uns selbst gehört, trifft es ebenfalls zu, dass wir unsere höchsten Götter nach unserem eigenen Bild geschaffen haben. Aus diesem Grund schrieb Goethe: »Du gleichst dem Geist, den du begreifst.« Daher ähneln wir psychisch den Menschen,

1 Max Scheler (1923). *Wesen und Formen der Sympathie.*

die wir verstehen können, und können diejenigen nicht verstehen, die uns nicht ähnlich sind.

Nun, wir sind Anderen ähnlich, wenn sie uns nachahmen oder wir sie nachahmen. Nach der alten Assoziationstheorie verstehen wir Andere, weil wir sie imitieren oder imitiert haben. Aber zutreffender wäre wahrscheinlich die Feststellung, wir verstehen Andere, weil sie uns in etwas imitieren, das wir machen, gemacht haben oder gerne gemacht hätten. Vielleicht wirkt diese Unterscheidung pedantisch, aber sie wird sich noch als nützlich erweisen, da sie dem Unterschied zwischen Introjektion und Projektion entspricht.

Projektion

Ein Wunsch, ein Begehren ist die Empfindung eines Bedürfnisses plus die Vorstellung, wie wir selbst dafür sorgen könnten, dass es aufgehoben wird. Aber manchmal wird dieses Bedürfnis verleugnet und ausgelagert [disowned]. Wir spüren dann zwar das Bedürfnis, aber in unserer Vorstellung verfügt ein Anderer über die Mittel, es zu erfüllen. Ein Begehren kann verleugnet und aus zwei Gründen einem Anderen zugeschrieben werden: Es ist entweder unvereinbar mit anderen Wünschen oder unvereinbar mit den vorhandenen Möglichkeiten. Daher nimmt der Sadist, der seinen Sadismus verdrängt, Grausamkeit bei Anderen wahr, und der Vater, der seine Ambitionen nicht verwirklichen konnte, wird sie auf seine Söhne projizieren.

Wahrscheinlich sind wir alle bisexuell und haben die Disposition zu sexuellen Handlungen des anderen Geschlechts genauso geerbt wie die zu denen unseres eigenen Geschlechts, und wahrscheinlich hätten sich unsere prägenitalen kindlichen Wünsche gleichermaßen zu Wünschen entwickeln können, die zu jedem Geschlecht gepasst hätten. Bei manchen Menschen sind die homosexuellen (subjektiv-homosexuellen) Impulse verdrängt und manifestieren sich lediglich als Sublimationen. Aber wenn jemand diese Impulse vollständig verdrängt, wird er nicht in der Lage sein, auf seine Geliebte einzugehen, ihre Gefühle zu verstehen und auf sie Rücksicht zu nehmen. Er wird das Gefühl des Einsseins nicht erleben können, das für viele das Wichtigste an einer sexuellen Erfahrung ist. Häufiger jedoch werden die homosexuellen Impulse nicht völlig verdrängt, sondern verleugnet und ausgelagert [disowned], weil sie entweder nicht zugelassen werden oder mit anderen Impulsen nicht vereinbar sind. So wie der enttäuschte Vater seine unerfüllten Ambitionen auf seine Söhne projiziert, oder die Mutter auf ihre Töchter, könnte die frustrierte Männlichkeit des Mädchens stellvertretend durch einen Liebhaber befriedigt werden oder die frustrierte Weiblichkeit des Jungen durch eine Geliebte.

Das normale Mädchen gibt seine Männlichkeit nur auf, weil sie mit seiner körperlichen Struktur nicht vereinbar ist, und nicht, weil sie sich ihrer schämt. Aber der normale Junge gibt seine Weiblichkeit nicht nur deshalb auf, weil sie mit seinem Körper nicht zu vereinbaren ist, sondern auch, weil sie mit seinem Stolz nicht vereinbar ist. Deshalb wird er sie wahrscheinlich vollständig verdrängen und dann weniger in der Lage sein, mit seiner Geliebten mitzuempfinden, als es einer Frau mit ihrem Liebhaber möglich ist.

Was aber nur projiziert und nicht völlig verdrängt ist, kann immer noch ersatzweise befriedigt werden. Eine der Voraussetzungen für das Gefühl des Einsseins der Liebenden im sexuellen Akt, mit dem der Höhepunkt der Zuneigung erreicht ist, scheint zu sein, dass die heterosexuellen Impulse jedes Partners den projizierten homosexuellen Impulsen des Anderen entsprechen, sodass jeder stellvertretend erlebt, was er oder sie verleugnet und ausgelagert [disowned] hat.[2]

Introjektion

Wenn Andere uns in etwas imitieren, was wir tun, getan haben oder gerne getan hätten, projizieren wir unsere Gefühle auf sie. Und wenn wir Andere

2 Ist diese Bedingung nicht erfüllt, ist die Liebesbeziehung unvollkommen und wahrscheinlich nicht von Dauer. Da selten im Vorhinein zu erkennen ist, ob diese Voraussetzung gegeben ist oder nicht, kann ein befriedigender sexueller Partner wahrscheinlich nur durch ›Versuch und Irrtum‹ gefunden werden.

nachahmen, introjizieren wir ihre Gefühle. Die alte Assoziationstheorie verknüpfte Sympathie und Zuneigung mit einer Introjektion oder Imitation. Vielleicht ist der Grund, warum diese Theorie in den Augen so vieler introspektionistischer Psychologen unzulänglich ist, dass etwas, das introjiziert wird, zwar von Anderen stammt, aber als etwas Eigenes erlebt wird. Aber bei der Sympathie erwidern wir nicht nur die Gefühle eines Anderen, sondern schreiben sie ihm auch zu.

Darüber hinaus ist Introjektion kein ultimativer Prozess, sondern die Re-Introjektion von etwas, das zuvor projiziert wurde. Wir müssen tatsächlich erst lernen zu begehren, also das Empfinden eines Bedürfnisses mit der Vorstellung verknüpfen, dass wir über die Mittel zu seiner Befriedigung verfügen, bevor wir Wünsche auf Andere projizieren können, bevor wir also die Empfindung (oder Idee), dass ein Anderer über diese Mittel verfügt, mit der Idee (oder Empfindung) des entsprechenden Bedürfnisses verknüpfen können. Bei der Sympathie verleugnen [disown] wir einen Wunsch und projizieren ihn auf einen Anderen. Aber wenn wir erst einmal gelernt haben, mit Anderen mitzufühlen, können wir ihren Wünschen nachkommen oder sie introjizieren, obwohl wir dann eigentlich nur etwas zurückholen, was uns gehört. Das projizierte Begehren (das heißt, die Empfindung oder Idee eines Bedürfnisses plus die Empfindung oder Idee, dass jemand über die Mittel verfügt, es zu befriedigen) kann das ursprüngliche Begehren von Neuem wecken (also die Idee, dass wir es selbst befriedigen können). Das heißt, vielleicht introjizieren oder reintrojizieren wir dabei einen alten Wunsch. Mit diesem Prozess der Introjektion pflegten die assoziationistischen Psychologen Sympathie und Zuneigung zu erklären, wenn sie sagten, wir hätten diese Gefühle, wenn wir die Gestik anderer Menschen nachahmen oder uns an diese Empfindungen erinnern. Aber tatsächlich weckt dieser Prozess nicht Sympathie in dem Sinn, dass sie Anderen unsere eigenen Wünsche zuschreibt, sondern ist vielmehr eine Identifizierung, in der wir die Wünsche Anderer uns selbst zuschreiben, auch wenn sie früher einmal unsere eigenen waren.

Der prägenitale Teil des gesamten sexuellen Impulses zielt nicht sofort auf die Geschlechtsorgane und könnte bei beiden Geschlechtern gleich sein. Derartige Impulse sind ansteckend, wenn sie bei dem einen Partner auftreten und zur Disposition des Anderen passen, und allgemein gilt, dass die jeweiligen Wünsche durch die wechselseitige Introjektion der komplementären Impulse verstärkt werden. Die Äffin, die ihren Unterleib in die Höhe reckt und dabei ihre Erzeuger nachahmt, illustriert diesen Prozess auf bewundernswerte Weise. Zwischen menschlichen Wesen überträgt sich die anfängliche prägenitale Erregung durch Küssen und Umarmungen ganz ähnlich. Diese wechselseitige emotionale Ansteckung scheint das wichtigste Element bei diesem Gefühl der Ich-Erweiterung zu sein, die mit dem Liebesakt einhergeht.

Einführung zu Kapitel 2

Johanna von Orleans dient Money-Kyrle in *Eine psychoanalytische Untersuchung der Stimmen von Jeanne d'Arc* (1933) mangels eigener klinischer Fälle, zu deren Behandlung er erst nach dem Zweiten Weltkrieg berechtigt war, als eine historische Figur, deren Psychodynamik er mit Hilfe der Theorien seiner Zeit, insbesondere des Ödipuskomplexes, erhellen wollte. Es handelt sich also um ein Beispiel von angewandter Psychoanalyse, um deren Beschränkungen er natürlich wusste. Sein manifestes Ziel ist deshalb bescheiden: »eine Persönlichkeit darzustellen, die psychologisch kohärent ist und mit einer plausiblen Tradition übereinstimmt«. Doch die Konzentration auf die Stimmen Jeanne d'Arcs, die er aufgrund wesentlicher Inhalte, nämlich des Gebots, »gut« zu sein, des Auferlegens einer Aufgabe und entsprechender Unterstützung als Projektionen ihres Über-Ichs versteht, machen diesen Beitrag zu einer interessanten frühen Studie über verschiedene Aspekte des Über-Ichs, das nun als mehrstimmiges imponiert.

Wie mag Roger Money-Kyrle auf Jeanne d'Arc gekommen sein, diese junge Frau, die im Hundertjährigen Krieg dem Dauphin und späteren französischen König Karl VII zu einem Sieg über die Engländer und Burgunder verhalf, später gefangen genommen, einem Gerichtsprozess unterzogen und schließlich noch nicht zwanzigjährig 1431 auf dem Scheiterhaufen verbrannt wurde? Natürlich war sie längst eine Figur der Weltliteratur – wobei sowohl Shakespeare (in *Heinrich VI*) als auch Schiller (in *Die Jungfrau von Orléans*), um nur zwei prominente Beispiele zu nennen, diese Figur in je eigener Weise verändert haben. Aufgrund seiner Verbindung zur Anthropologie kannte er natürlich die Schriften der damals herausragenden britischen Anthropologin und Ägyptologin Margaret Murray (1863–1963), die im Rahmen ihrer volkskundlichen Studien eine Theorie über eine paneuropäische, vorchristliche, heidnische Religion entwickelte und – wie Money-Kyrle in der vorliegenden Arbeit schreibt – Jeanne als Inkarnation einer heidnischen Göttin ansah.

War schon 1450 ein Revisionsprozess angestrebt worden, der nach einigen Jahren das Urteil aufhob und Jeanne zur Märtyrerin erklärte, so gab wohl die Seligsprechung 1909 und die Heiligsprechung 1920 der Beschäftigung mit dieser Frau nochmals enormen Auftrieb. Um in englischsprachigen Kulturraum zu bleiben, sei hier exemplarisch George Bernard Shaw genannt, der 1923 das Drama *Die heilige Johanna* schrieb, wofür er 1925 den Nobelpreis für Literatur erhielt. Und 1936, nur drei Jahre nach Money-Kyrles Arbeit, erscheint von Vita Sackville-West eine Biographie *Jeanne d'Arc.* Sie war also als Thema präsent, wobei ich annehme, dass die 1931 erfolgte Herausgabe der (aus dem Lateinischen und Französischen) ins Englische übersetzten Prozessakten durch William P. Barrett, auf die sich Money-Kyrle auch bezieht, den Anstoß gaben. Denn damit eröffnete sich ihm die Chance, tatsächlich einen authentischeren Eindruck dieser Figur zu gewinnen und damit seine Analyse auf etwas verlässlicheres Material zu stützen.

Als Sekundärliteratur bezieht sich Money-Kyrle vor allem auf die Biografie *La Vie de Jeanne d'Arc* (1908) des späteren französischen Literaturnobelpreisträgers Anatole France – verfasst angesichts französischer rechts-populistischer Strömungen, welche Johanna von Orleans zur nationalen Ikone stilisierten. Wie Money-Kyrle schreibt, eine rationalere Darstellung einer Hysterikerin, wobei er selbst ihr eine »höhere Intelligenz und ein heroischeres Ende« zubillige. Soweit ich es überblicke, teilen viele aufgrund der Prozessunterlagen von 1431 die Ansicht, dass Jeanne d'Arc, die nicht schreiben konnte, in den öffentlichen Vernehmungen und nichtöffentlichen Verhören, in denen sie in zum Teil perfider Weise »überführt« werden sollte, ggf. scharfsinnig antwortete, mit Gegenfragen reagierte etc. Bezüglich ihres Heroentums kann man – John Steiners (2015) Abfolge der Etappen einer Heldenreise im Hinterkopf, nach der er/sie zunächst auf Omnipotenz baut, um erfolgreich zu sein, die Allmacht dann jedoch aufgeben muss, um in die gewöhnliche Welt zurückkehren zu können – annehmen, dass ihr Letzteres nach der entscheidenden Wendung des Krieges, der Aufhebung der englischen Belagerung von Orleans und der anschließenden Krönung des Königs in Reims, nicht gelang. Wenn Money-Kyrle von einem negativen Ödipuskomplex ausgeht, so dass ihr Über-Ich die Wiederherstellung dessen verlangte, was sie wegnehmen wollte, so »musste«

sie wohl omnipotent identifiziert bleiben, um ihr Identitätsgefühl nicht zu verlieren.

In jüngster Zeit widmete Francis Baudry (2022) Jeanne d'Arc und ihren Stimmen einen ausführlichen Artikel, in dem er Money-Kyrles Beitrag als eine Sichtweise abkanzelt, die nur reduktionistische Hypothesen vertrete, die wenig zum Verständnis beitrügen. Ob seine eigenen Hypothesen weitertragen, sei dahingestellt. Sie habe von sich selbst als »Johanna die Jungfrau« gesprochen, woraus Baudry auf eine doppelte Identifizierung mit Maria und Jesus schließt. Die Grundlage für ihren Erfolg sieht er u. a. in einer Mischung aus unerschütterlichem Glauben an ihre Verbindung zu Gott, einer Sensibilität für Andere und der Fähigkeit, deren Tricks zu durchschauen. Bezüglich ihrer Stimmen klängen deren erste Manifestation wie Über-Ich-Befehle. Allmählich werde die Bandbreite größer, was er so versteht, dass Jeannes gesamte innere Welt sie zur Kommunikation benötige (S. 308). Sie könnten also Ich- oder Über-Ich-Funktionen darstellen oder sogar die Projektionen früherer Objektbeziehungen, also normale Funktionen seelischen Funktionierens. Das bleibt für mich etwas zu allgemein und ich möchte deshalb noch etwas ausführen, wie Money-Kyrles Verständnis der Stimmen als projizierte Über-Ich-Aspekte in der Theorieentwicklung zu verorten sind und in seiner Nachfolge fruchtbar wurden.

Ich greife hierzu zwei Aspekte heraus, die erst einmal nicht unbedingt mit dem Über-Ich in Verbindung gebracht werden, nämlich Trost zu spenden und Wiedergutmachung zu fordern. Wenn Jeanne d'Arc immer wieder davon sprach, durch die Stimmen Trost zu erfahren, benennt Money-Kyrle, dass dieser Punkt wenig Raum habe und nur in Freuds Arbeit über den Humor (Freud 1927d) auftauche. Und das sollte sich auch fortsetzen. Jahrzehnte später wird sich seine spätere Lehranalysandin Edna O'Shaughnessy auf diese Arbeit Freuds beziehen und darlegen, wie dieser kurze Blick auf ein weniger grausames Über-Ich 1927 an der Einschätzung der letztlich trostlosen Situation, wie sie Freud in *Das Unbehagen in der Kultur* zeichnet, nichts ändert (O'Shaughnessy 2012). Freud führe aus, in welchem Ausmaß die Kultur auf Triebverzicht und der Unterdrückung vieler sexueller und aggressiver Triebimpulse beruhe, was uns unglücklich mache. Außerdem leide unser Ich unter einem grausamen Über-Ich, das uns Schuldgefühle für unsere ödipalen Verbrechen auferlegt. Dieses Über-

Ich sei wachsam, allsehend und allwissend. Es bestrafe uns für Handlungen, aber auch für Impulse und Phantasien.

»Das Über-Ich peinigt das sündige Ich mit den nämlichen Angstempfindungen und lauert auf Gelegenheiten, es von der Außenwelt bestrafen zu lassen« (Freud 1930, S. 485). Er schloss daraus: »Das Leben, wie es uns auferlegt ist, ist zu schwer für uns, es bringt uns zu viel Schmerzen, Enttäuschungen, unlösbare Aufgaben« (ebd., S. 432). Und gegen Ende schreibt er: »Ich beuge mich ihrem Vorwurf [gemeint ist der Vorwurf seiner Mitmenschen], dass ich ihnen keinen Trost zu bringen weiß« (ebd. S. 506). Freuds Untersuchungen, so Edna O'Shaughnessy, »haben Sophokles' König Ödipus verändert: Der tragische Mensch, dem von den Göttern ein Schicksal gegeben wurde, ist zum schuldigen Menschen geworden – denn nun kommen seine Verbrechen aus seinem Inneren. Das ist der Punkt, an den Freud uns geführt und an dem er uns zurückgelassen hat. Ich glaube, die Psychoanalyse hat auf ein Konzept wie ›Wiedergutmachung‹ gewartet« (Übers. C. F.).

Wenn Money-Kyrle die Stimmen Jeanne d'Arcs, die sie zur »Wiederherstellung [restitution]« auffordern, 1933 als eine mögliche Facette einer Über-Ich-Stimme versteht, dann thematisiert er damit früh ein zentrales Konzept, das er später mit seiner Arbeit weiter bereichern wird. Zwar merkt er in einer Fußnote von 1978 an, er sehe Wiedergutmachung nun nicht mehr primär als eine Funktion des Über-Ichs an, sondern schreibe sie dem Ich zu, welches diese in der depressiven Position entwickelt; doch – so scheint es – ahnt er schon die ganze Bandbreite dieses Klein'schen Konzepts. Melanie Klein hatte diesen umgangssprachlichen Begriff, wie er in ihren frühen Kinderanalysen auftaucht – Kaputtes soll »wieder gut« sein – Ende der 1920er- und in den 1930er-Jahren zu einem analytischen Konzept entwickelt (vgl. Frank 2012).

Money-Kyrle bezieht sich in *Eine psychoanalytische Untersuchung der Stimmen von Jeanne d'Arc* nicht expressis verbis auf Melanie Klein. Doch er betont, das introjizierte Elternbild sei »durch die Projektion seiner verdrängten Wünsche verzerrt«. Da die infantile Sexualität höchst sadistisch sei, seien das Elternbild und somit das nach diesem Bild geformte Über-Ich viel grausamer als die tatsächlichen Eltern. Freud hatte diesen Klein'schen Befund in *Das Unbehagen in der Kultur* aufgenommen, und formuliert, »daß die ursprüngliche Strenge des Über-Ichs nicht — oder nicht so sehr — die ist, die man von ihm erfahren hat oder die man ihm zumutet, sondern die eigene Aggression gegen ihn vertritt« (1930a, S. 489).

Money-Kyrle spricht 1933 einerseits von symbolischer Wiedergutmachung, andererseits nennt er aber ebenso die Möglichkeit, unter bestimmten Bedingungen könnte es sich auch um die »Wiederholung des Verbrechens« handeln. In letzterem klingt schon die Crux der konkreten Wiedergutmachung an, wie sie Klein 1940 unter dem Stichwort der »manischen Wiedergutmachung« beschreibt. Gut 20 Jahre nach diesem Beitrag zur angewandten Psychoanalyse sah Money-Kyrle in Wiedergutmachungsstrebungen – in seiner Arbeit über *Normale Gegenübertragung und ihre Abweichungen* von 1956 (s. Bd. 2) – zusammen mit der Identifizierung mit dem Elternpaar die Basis für die »normale« Haltung des Analytikers. Diese grundlegende Arbeit sollte wichtige Beiträge von Kollegen anregen (vgl. Frank/Weiß 2003).

Claudia Frank

Literatur

Baudry, F. (2022): Joan of Arc, the Voices: Le malheur de la question c'est la réponse. American Imago 79, 285–310.

Frank, C. (2012): Wiedergutmachung – zur Entstehung eines neuen Konzepts aus Melanie Kleins ersten Kinderanalysen. In: Jahrb. Psychoanal. 65, 81–106.

Frank, C. (2013): Facing the Pain of Crimes and Their Reparation. In: International Journal of Psychoanalysis 94, 1189–1191.

Frank, C., Weiß, H. (Hrsg.) (2003): Normale Gegenübertragung und mögliche Abweichungen. Zur Aktualität von R. Money-Kyrles Verständnis des Gegenübertragungsprozesses. Tübingen: edition diskord. 2. Auflage 2014, Frankfurt a. M.: Brandes & Apsel.

Freud, S. (1927d): Der Humor. GW 14, 383–389.

Freud, S. (1930a): Das Unbehagen in der Kultur. GW 14, 419–506.

O'Shaughnessy, E. (unveröffentl.): Waiting for a Concept. Vortrag im Panel »Facing the Pain of Crimes and their Reparation«, IPA-Kongress in Prag 2012.

Steiner, J. (2015): The Use and Abuse of Omnipotence in the Journey of the Hero. In: Psychoanalytic Quarterly 84, 695–717.

Streck, M., Rieck, A. (2017): Die Akte Jeanne d'Arc. Prozess- und Vollstreckungsbericht 1431. Urteilsanalyse und Thesen zur Verteidigung. Köln: Verlag Otto Schmidt.

Kapitel 2

Eine psychoanalytische Untersuchung der Stimmen von Jeanne d'Arc[1]

Ein psychoanalytischer Enthusiast, der nicht klinisch arbeitet, könnte auf den Gedanken kommen, in der Geschichte nach Patienten zu suchen, an denen er dann sein Glück probiert. Aber im Unterschied zum praktizierenden Analytiker, der es mit den freien Assoziationen eines lebenden Patienten zu tun hat, muss sich der psychoanalytische Historiker mit toten und möglicherweise hoffnungslos unzulänglichen Aufzeichnungen zufriedengeben. Sie könnten oft irreführend und manchmal sogar regelrecht falsch sein. Außerdem kann er diese Patienten nicht weiter befragen und deshalb auch seine Ansichten weder bestätigen noch korrigieren. Deshalb kann er bestenfalls hoffen, eine Persönlichkeit darzustellen, die psychologisch kohärent ist und mit einer plausiblen Tradition übereinstimmt. Er kann noch nicht einmal garantieren, dass sein Porträt das einzige ist, das beide Bedingungen erfüllt. Aber er könnte sich mit dem Gedanken trösten, dass er zwar größere Schwierigkeiten als der praktizierende Arzt zu bewältigen hat, seine Verantwortung aber kleiner ist und seine Fehler wahrscheinlich weniger folgenreich.

Die zuverlässigsten Daten für eine Analyse von Jeanne d'Arc finden sich in ihren Prozessakten und den Antworten, die sie ihren Richtern gab.[2] Da diese aber alleine kaum ausreichen, müssen sie durch die überlieferten Darstellungen ihres Charakters ergänzt werden, von denen es im Wesent-

---

1 Zuerst veröffentlicht in *Brit. Journ. Med. Psych.* XIII, 1933.

2 *The Trial of Jeanne d'Arc.* Übers. und hg. von W.P. Barrett. Oxford Univ. (George Routledge & Sons), 1931. Anm. d. Übers.: Um nicht die ins Englische übertragenen Zitate ins Deutsche zu übersetzen, habe ich zum Teil auf eine deutsche Übersetzung der Prozessakten zurückgegriffen, die aber anders aufgebaut ist als die englische: *Der Prozeß Jeanne d'Arc. Akten und Protokolle 1431–1456.* Übers. und hg. von Ruth Schirmer-Imhoff. München (Deutscher Taschenbuch Verlag), 1961.

lichen drei Gruppen gibt. In den Augen der ersten Gruppe ist sie eine Zauberin/Hexe, wofür Professor Margaret Murray eine moderne Form gefunden hat. Sie stellt Jeanne als Inkarnation einer heidnischen Göttin dar – ein bäuerliches Überbleibsel aus neolithischen Zeiten. In der zweiten Tradition gilt sie als der Inbegriff aller abstrakten ritterlichen und christlichen Tugenden. Diese Sichtweise entstand schon zu Jeannes Lebzeiten, wurde im Revisionsprozess offiziell beglaubigt und ist bis heute die wichtigste Inspiration für ihre etwas sentimental veranlagten Biographen. Die dritte Tradition ist das Ergebnis eines rationalen Zeitalters. Für Anatole France ist Jeanne eine verwirrte Hysterikerin, die zufällig für die Armee in einem abergläubischen Zeitalter ein nützliches Maskottchen war. Aber selbst für Monsieur France war sie keine gewöhnliche Hysterikerin. Auf mich wirkt ihr Bild, anders als auf diesen Bilderstürmer, großartiger, weil realer als das Bild, das ihre erklärten Bewunderer zeichnen. Meine Vorstellung von Jeanne entspricht in etwa der Auffassung von Monsieur France, nur dass ich ihr eine höhere Intelligenz zubillige und ein heroischeres Ende.

Wir kennen alle die wesentlichsten Aspekte ihrer Geschichte. Ihr Leben wurde von ihren Stimmen beherrscht, deren Befehle sie konsequent befolgte. Die Stimmen gingen von den Erscheinungen des Heiligen Michael, der Heiligen Margareta und der Heiligen Katharina aus und befahlen ihr, die Engländer aus dem Land zu vertreiben und den Dauphin zum König zu krönen. Unter großen Schwierigkeiten gelang es ihr, in Chinon zu ihm vorzudringen. Der Dauphin gab den Geistlichen von Poitiers den Befehl, sie zu untersuchen. Sie kamen zu dem Ergebnis, dass sie eher von Gott als vom Teufel gesandt zu sein scheine. Danach wurde sie mit einer Armee nach Orleans geschickt. Ihr Selbstvertrauen und ihr Ruf versetzten ihre Feinde in Angst und Schrecken und ermutigten ihre Freunde, sodass es ihr gelang, die Belagerung der Stadt aufzuheben. Nach einigen siegreichen Monaten und einigen Prüfungen nahmen die Burgunder sie in Compiègne gefangen und übergaben sie den Engländern. Schließlich wurde sie von französischen und den Anglikanern nahestehenden Theologen als Hexe und Ketzerin angeklagt. Nachdem sie widerrufen hatte und dann wieder rückfällig geworden war, wurde sie in Rouen auf dem Scheiterhaufen verbrannt. Sie war noch keine zwanzig Jahre alt, als sie starb.

Da Chronisten andere Interessen verfolgen als Psychologen, sind die Aufzeichnungen gerade dann besonders dürftig, wenn sie besonders wichtig sind. Jeanne wurde um den 6. Januar 1412 herum geboren, als die Bauern von Donrémy gerade die Feierlichkeiten zur Zwölften Nacht begingen. Ihr Vater war der bedeutendste Bauer des Dorfes; ihre Mutter war sehr fromm; und sie hatte zwei Brüder und eine Schwester, Catherine, die früh verstarb. Als Kind kümmerte sich Jeanne um die Tiere auf der Weide, so wie es Bauernkinder bis heute machen. Sie spielte und tanzte mit ihren Freundinnen und hängte Girlanden in einen Feenbaum. Das ist fast alles, was über ihre frühe Kindheit bekannt ist. Aber irgendwann in dieser Zeit, wahrscheinlich in ihrer Kleinkindzeit, muss der Ausgangspunkt für ihre Visionen liegen, für die sie als eine Heilige verehrt und als Abgesandte des Teufels verbrannt wurde.

Wie nicht anders zu erwarten, scheinen ihre Visionen erstmals in der Pubertät[3] aufgetreten zu sein – also zu einer Zeit, wenn die regulär durch den Ödipuskomplex verdrängten, frühen sexuellen Triebimpulse im Unbewussten durch die imperativen Forderungen der endokrinen Entwicklung wiederbelebt werden. Eines Nachmittags im Sommer sah Jeanne im Garten ihres Vaters ein Licht und hörte aus der Richtung der Kirche eine Stimme, die ihr sagte, sie komme von Gott und helfe ihr, gut zu sein. Sie solle ein gutes Kind sein, dann werde Gott ihr helfen.[4]

Jeanne bekam Angst, sagte aber weder ihren Eltern noch dem Priester etwas davon. Später hörte sie die Stimme noch einmal: »Jeanne, sei ein gutes Kind« (Schirmer-Imhoff, 1961, S. 63). Als sie die Stimme zum dritten Mal hörte, wusste sie, dass es die Stimme des Heiligen Michael war.[5]

Eines Tages »sagte er mir, daß die Heilige Katharina und die Heilige Margareta zu mir kämen, und daß ich tun sollte, wie sie mir raten würden; daß sie Befehl erhalten hätten, mich zu leiten und zu beraten; und daß ich ihnen glauben sollte, und daß es auf Befehl Unseres Herrn sei« (ebd.,

3 Mit dreizehn Jahren. *The Trial*, S. 54.

4 Anatole France (1999[1908]). Sinngemäß, wenn auch nicht wörtlich, stimmen dieses und die folgenden Zitate bei Monsieur France mit den Antworten überein, die Jeanne bei ihrem Prozess gab. Siehe *The Trial*, S. 54f., 123, 177f.

5 *The Trial*, S. 55, 122. Ihre Antworten waren nicht immer konsistent. Sie sagte auch, sie habe die Stimme mehrmals gehört, bevor sie wusste, dass es die Stimme des Heiligen Michael war.

S. 63). Dieses Versprechen erfüllte sie mit großer Freude; denn sie wusste alles über diese Heiligen und liebte sie sehr.

Etwa um diese Zeit könnte sich noch etwas anderes in Jeannes Leben verändert haben. Sie spielte nicht mehr so oft mit ihren Freundinnen, und manchmal vernachlässigte sie die Herden ihres Vaters. Sie war immer fromm gewesen; »sie beichtete häufig und kommunizierte mit außerordentlichem Eifer; sie wohnte jeden Tag der Messe ihres Pfarrers bei. Zu jeder Stunde fand man sie in der Kirche, zuweilen der Länge nach auf den Steinen hingestreckt, zuweilen die Hände gefaltet, das Antlitz und den Blick zum Heiland oder zur Heiligen Jungfrau erhoben« (France, 1999[1908], S. 42).[6]

Nach und nach wurden die Visionen häufiger und deutlicher. Bald hörte sie nicht nur die Stimmen, sondern sah und berührte ihre Heiligen und roch sogar ihren süßen Duft. Und diese wiederum wurden entschiedener in ihren Forderungen.

Sie solle nach Frankreich gehen, sagten die Heilige Katharina und die Heilige Margareta.

»Tochter Gottes«,[7] sagte der Heilige Michael zu ihr, sie solle den Dauphin nach Reims bringen, damit er dort mit dem heiligen Öl gesalbt werden könne. Die Erscheinungen wiesen sie auch an, den Dauphin zum König[8] zu krönen; bei allem spendeten sie ihr viel Trost und versprachen, ihr zu helfen.

Einige Monate später prophezeiten ihr die Stimmen, dass sie verwundet (Schirmer-Imhoff, 1961, S. 33) und dann gefangen (ebd., S. 47) genommen werden würde. Aber alles, was sie auf der Welt getan, habe sie auf Gottes Befehl getan (ebd., S. 30). Nur, als sie aus dem Gefängnis fliehen wollte und vom Turm von Beaurevoir sprang, gehorchte sie den Stimmen nicht, denn diese hatten ihr befohlen, nicht zu fliehen.

6 Anatole France (1908): *Vie de Jeanne d'Arc.* Paris: Calmann-Lévy. Dt.: Jeanne d'Arc. Bergisch Gladbach: Bastei-Lübbe, 1999. Siehe auch: Jules Quicherat: *Procès de condemnation et de rèhabilitation*, II; *The Trial*, S. 65.

7 Jeanne sagte ihren Richtern, dass die Stimmen sie oft in dieser Weise ansprachen. *The Trial*, S. 102.

8 Sie gab zu, dass sie der Engel Gottes sei, der die Krone brachte. *The Trial*, S. 334.

Anatole France hat fast alles unternommen, was die Prä-Freudianische Psychologie bereitstellte, um diese Mysterien auf eine naturalistische Weise zu erklären. Er hat die Legenden des Heiligen Michael, der Heiligen Margareta und der Heiligen Katherina erforscht und auch die von St. Remy, dem Patron ihres Dorfes, der den Kaiser mit heiligem Öl gesalbt hatte. Er war der Meinung, dass Johanna diese Legenden gekannt haben musste und ihre Aufgaben weitgehend nach dem Vorbild dieser Heiligen gestaltet waren. Aber alle diese Geschichten können auch keinen größeren Anteil an der Form von Jeannes Visionen gehabt haben als in der Gestaltung eines Traums. Derartige Assoziationen zu erkennen, bedeutet nicht, den Traum zu verstehen, da sie nur deshalb benutzt werden, weil sie sich dafür eignen, Gedanken und Wünsche zum Ausdruck zu bringen, die unbewusst bleiben. Sind es andere Tagesreste, ist auch der manifeste Traum ein anderer, und trotzdem bleiben die unbewussten Wünsche dieselben. Dementsprechend wäre Jeannes Lebensaufgabe eine andere gewesen, wenn sie mit anderen Heiligen vertraut gewesen wäre; doch die zugrunde liegenden unbewussten Gedanken wären dieselben geblieben.

In den letzten Jahren galt das Interesse der Psychoanalytiker zunehmend mehr dem Über-Ich, dieser merkwürdigen Macht in uns, die auch heute noch nicht vollständig verstanden worden ist. Zunächst wurde sie unter der Bezeichnung Zensor als Widerstand gegen die Traumanalyse erkannt, also als eine Macht, die Patienten daran hindert, sich ihrer verdrängten Wünsche bewusst zu werden. Bald jedoch wurde das Konzept verallgemeinert und umfasste dann alles, was die natürlichen Triebregungen daran hinderte, zum Ausdruck zu kommen. Als dann die Begriffe Zensor und Über-Ich als anthropomorph und als Überbleibsel einer mythologischen Psychologie aus längst vergangenen Zeiten kritisiert wurden, wurde der Begriff durch die Entdeckung entwertet, dass das durch diese Begriffe bezeichnete Gebilde tatsächlich eine Person war – nämlich das introjizierte erste Bild, das der Patient sich von seinen Eltern gemacht hatte. Es dauerte nicht lange, bis weitere Funktionen des Über-Ichs entdeckt wurden. Dazu gehörten Gebote und Verbote, und es stellte sich heraus, dass das Über-Ich die Macht war, die manche Menschen dazu bringt, ihr ganzes Leben zwanghafter Arbeit zu widmen statt zu spielen, was sie daran hindert, ihr Glück irgendwo anders als in der Erfüllung irgendwelcher Aufgaben zu finden. Danach konzentrierten sich die Psychoanalytiker einige Jahre lang auf die sadistischen Eigenschaften des Über-Ichs. Sie fanden heraus, dass es die Macht war, die bestimmte Menschen nicht nur dazu zwingt, eine Pflicht zu erfüllen, sondern auch dazu, Märtyrer für etwas zu werden. Und schließlich meinte Freud, es könnte vielleicht sogar ein Trost sein für diejenigen, die sich seinem Willen unterwerfen (Freud 1927, S. 389).[9]

Einige der Manifestationen des Über-Ichs waren immer bekannt. Anders als wir waren unsere viktorianischen Vorväter mit einem machtvollen Gewissen ausgestattet, das sie für die Stimme Gottes hielten, der sie in der Regel gehorchten. Aber es blieb unserer Zeit überlassen, die wahre Herkunft dieser Stimme zu erkennen, ihre Gebote zu verstehen und zu merken, dass sie nicht immer mit unserer heutigen Humanitätsduselei übereinstimmen. Nicht anders als der Sklavenbefreier folgte der Inquisitor dem Diktat seines bewussten Gewissens und dem Diktat seines unbewussten Über-Ichs.

In Jeannes Stimmen könnten sich drei klare und eindeutige Aspekte unterscheiden lassen: Sie wiesen sie an, gut zu sein; sie versprachen ihr Hilfe; und sie befahlen ihr, eine Aufgabe zu erledigen. Man könnte hinzufügen, dass sie Jeannes Schicksal vorhersagten und sie ins Verderben trieben. Nun sind diese drei Elemente und ein viertes, das weniger klar ist, die vier Kennzeichen des Über-Ichs. Daher waren Jeannes Heilige Projektionen ihres Über-Ichs, und, da sie außerordentlich deutlich beschrieben werden, könnten wir hoffen, bei einer genaueren Untersuchung nicht nur etwas über Jeanne d'Arc zu erfahren, sondern generell über das Über-Ich.

Verbote

Jeanne war immer ein frommes und folgsames Kind gewesen, und doch befahlen ihre Stimmen ihr, ein gutes Kind zu sein. Sie war sich einer großen, wenn auch vagen Schuld bewusst, denn sonst wäre sie nicht so oft zur Beichte gegangen. Wahrscheinlich war es dieses Schuldgefühl, das ihr ge-

9 Freud, S. (1927): Der Humor. *GW XIV*, 381–389.

wohntes Leben und die Freude an ihren Spielen zerstörte. Aber was könnte die verborgene Versuchung gewesen sein, die so schwer auf ihrem Gemüt lastete? Ganz sicher kannte sie sich selbst nicht, denn sie beichtete oft, was bedeutet, dass das Aufzählen ihrer trivialen bewussten Vergehen ihr keine Erleichterung verschaffte. Psychoanalytikern sind diese Zustände vertraut, und sie wissen, dass die Sünde, die einem religiösen Patienten das auch durch zahllose Beichten nicht zu tilgende Gefühl gibt, gesündigt zu haben, bei ihrem alten Freund, dem Ödipuskomplex, zu finden ist. Manche Kritiker Freuds meinten, der Ödipuskomplex sei ein Kennzeichen der viktorianischen Generation oder zumindest der patriarchalen Gesellschaften. Aber wie ubiquitär er ist, sogar in matriarchalen Gesellschaften, ist mittlerweile durch die neueren Arbeiten Roheims[10] belegt. Deshalb würden wir uns keiner voreiligen Schlussfolgerung schuldig machen, wenn wir vermuten, dass Johanna, genau wie alle anderen Kinder, von diesem Komplex betroffen war. Er muss bei ihr sogar besonders stark ausgeprägt gewesen sein.

Kinder mit einem rein positiven Ödipuskomplex richten ihre Liebesgefühle vor allem an den gegengeschlechtlichen Elternteil und introjizieren den gleichgeschlechtlichen Elternteil,[11] der ihr sexueller Rivale und die Hauptquelle ihrer Hemmungen ist. Dies bildet die Grundlage ihres Über-Ichs. Bei Kindern mit einem rein negativen Ödipuskomplex sind diese Dispositionen umgekehrt. Reine Komplexe sind jedoch bequeme Fiktionen, und wirkliche Menschen befinden sich irgendwo zwischen diesen beiden Extremen. Beide Eltern werden geliebt, beide sind Rivalen, und beide tragen – wenn auch unterschiedlich stark – zum Über-Ich bei. Wie wir später sehen werden, zeigten sich bei Johanna deutliche Spuren eines auf diese Weise gemischten Komplexes. Aber zunächst einmal genügt es festzuhalten, dass ihre Heiligen – die Projektionen ihres Über-Ichs – beiden Geschlechtern angehörten.

Die ursprüngliche Funktion des Über-Ichs ist es, die inzestuösen Wünsche des kleinen Kindes zu verdrängen; wenn das Über-Ich aber außergewöhnlich streng ist, könnte es auch alle späteren sexuellen Impulse hemmen. Und so waren Jeanne d'Arcs Heilige beschaffen. Als Jeanne in die

10 Róheim, G. (1932): Psycho-Analysis of Primitive Cultural Types. *International Journal of Psychoanalysis* 13:1-221.

11 [Oder sie identifizieren sich projektiv mit ihm oder ihr.]

Pubertät kam, befahlen sie ihr, gut zu sein; gemeint war damit, ›rein‹ zu sein. Zumindest war dies die Bedeutung, die ihre Befehle für Jeanne hatten, denn sie gelobte – in Gegenwart der Stimmen – für immer Jungfrau zu bleiben.[12] Und wir erfahren, dass sie tatsächlich so rein war, dass sie sogar in den Soldaten, mit denen sie zeltete, keine fleischlichen Gelüste weckte. Mehr noch, sie ertrug es auch nicht, wenn Andere sich nicht rein verhielten. Sie vertrieb all die losen Frauen, die der Armee folgten; es wird sogar überliefert, dass sie ihr Schwert auf dem Rücken einer dieser Frauen zerbrach. Wie ihre eigenen Soldaten auf ihr Vorgehen reagierten, ist nicht überliefert. Ihre Feinde dagegen bestanden darauf, sie sei eine Dirne – eine Anschuldigung, bei der sie jedes Mal in Tränen ausbrach.

Befehle

Jeannes Stimmen sagten nicht nur zu ihr, sie solle gut sein; sie gaben ihr auch einen Auftrag. Sie befahlen ihr, wie der Heilige Remi, der Patron ihres Dorfes, ihren Dauphin mit einem heiligen Öl zu salben und ihn zum König zu krönen. Außerdem sollte sie die Belagerung von Orleans aufheben und die Engländer aus dem Reich vertreiben.

Psychoanalytikern aller Schulrichtungen sind solche Lebensaufgaben vertraut. Als es zum Beispiel Jung aufgefallen war, dass es zwischen seelischer Gesundheit und erfolgreicher Pflichterfüllung eine gewisse Korrelation gibt, genauso wie zwischen Neurose und der Nichterfüllung solcher Aufgaben, ermutigte er seine Patienten, ihren Pflichten nachzukommen. Freudianer dagegen beschränken sich auf die Analyse und lehnen es ab, die Rolle eines Mentors zu übernehmen. Ganz abgesehen von der Schwierigkeit, ohne eindeutige ethische Kriterien moralische Ratschläge zu erteilen, vertreten sie die Auffassung, dass der Verzicht auf solche Empfehlungen mit einer tieferen Einsicht in die unbewussten Motive und die Struktur des Über-Ichs belohnt wird.

12 Schirmer-Imhoff, 1961, S. 51.

Das Über-Ich gibt sich nicht damit zufrieden, dass das Ich keine Sünden mehr begeht; vielmehr verlangt es, dass das Ich Wiedergutmachung leistet für frühere Sünden, die nicht ungeschehen zu machen sind. Es unterscheidet auch nicht zwischen Gedanken und Taten. Wenn das Kind seine Eltern trennen wollte, einem oder beiden Elternteilen etwas zerstören oder wegnehmen wollte, wird es von seinem Über-Ich behandelt, als wäre sein Wunsch in Erfüllung gegangen. »Du musst Wiedergutmachung leisten«, sagt das Über-Ich. »Füge wieder zusammen, was du getrennt hast. Gib zurück, was du weggenommen hast. Mach das wieder heil, was du kaputt gemacht hast.[13]« Die Analyse einer ›Lebensaufgabe‹ wird zeigen, dass sie die symbolische Befriedigung solcher Befehle ist. Auf diese Weise könnte ein eklektischer Philosoph, der sein Leben der Aufgabe widmet, unvereinbare Überzeugungen miteinander auszusöhnen, versuchen, damit die Sünde des Atlas ungeschehen zu machen, der seine Eltern Erde und Himmel voneinander getrennt hatte; der Verfasser eines Opus magnum könnte versuchen, seiner Mutter das Kind zurückzugeben, das er einmal von ihr stehlen wollte; der Erbauer eines Turms könnte versuchen, Gott den Phallus zurückzugeben, den er seinem Vater[14] hatte stehlen wollen; und der Metaphysiker, für den das Universum belebt ist, könnte versuchen, in einem größeren Maßstab die Eltern wieder herzustellen, die er früher zerstören wollte. Solange jedoch die unbewussten Wünsche der Vergangenheit im Unbewussten (das heißt, im Es) weiterleben, könnte dieselbe Aufgabe, die symbolisch für die Wiedergutmachung steht, auch die Wiederholung des Verbrechens symbolisieren.[15] Die Aufgabe Jeannes bestand darin, den Dauphin zu salben und zu krönen und die Engländer aus dem Land zu ver-

13 [Heute würde ich sagen, dass Wiedergutmachung nicht in erster Linie eine Über-Ich-Funktion ist, sondern zuerst vom Ich in der ›depressiven Position‹ entwickelt wird, obwohl sie später vom Über-Ich übernommen werden könnte.]

14 Ich kenne einen kleinen vierjährigen Jungen, der oft so tut, als stehle er seinem Vater die Nase. Er hat auch ein Phantasiestofftier, das er ›Nase‹ nennt und das sich sehr aggressiv und phallisch aufführt.

15 Daher kombiniert das Mitglied eines feudalen Stammes die unerschöpfliche Loyalität gegenüber seinem Häuptling oft mit dem unsterblichen Hass auf den Anführer eines verfeindeten Stammes. Da beide Vatersymbole sind, befriedigt sein kriegerischer Eifer zwei entgegengesetzte Wünsche, nämlich den Wunsch, den Vater zu retten, und den Wunsch, ihn zu töten.

treiben. Prinzen und Könige sind bekannte Symbole für Brüder und Väter. Deshalb könnte es sein, dass eines der unbewussten Motive für Jeannes Aufgabe der Wunsch war, ihrem Bruder oder Vater etwas zurückzugeben, was sie ihnen einmal hatte nehmen wollen.

Adler hat die Welt mit dem maskulinen Protest der Frau bekannt gemacht. Er vertrat die Auffassung, dass die meisten kleinen Mädchen ein Junge sein wollen und dass es Frauen gibt, die sich nie mit ihrem Geschlecht aussöhnen. Im Unterschied zu Freud hat er es allerdings unterlassen, seine Resultate wörtlich zu nehmen. Es ist leichter, mit Adler zu sagen, dass die meisten Mädchen ein Junge sein wollen, als mit Freud, dass sie einen Penis haben wollen. Und aus diesem Grund ist die adlerianische Doktrin allgemein akzeptiert worden. Aber alle tieferreichenden Analysen ergeben, dass der adlerianische »männliche Protest« nur die halbbewusste Ausdrucksform des freudianischen »Penisneids« ist. Wer nicht analysiert worden ist, kann nicht erwarten, direkten Einblick in die Wahrheit von Freuds Schlussfolgerungen zu haben, aber vielleicht lässt sich zeigen, dass sie plausibel sind. Die meisten Tiere sind bisexuell. Hühner, Kühe, Hündinnen und weibliche Affen versuchen oft, ihre Artgenossen zu besteigen. Es ist also keineswegs merkwürdig, wenn ähnliche männliche Impulse auch bei Frauen vorkommen. Und wenn wir erst einmal die Tatsache akzeptiert haben, dass es solche Impulse gibt, erwarten wir natürlich auch, dass es den Wunsch nach dem Organ gibt, mit dem allein dieser Impuls wirklich zu befriedigen wäre. Das eigentliche Problem besteht nicht darin, eine Erklärung für diesen Wunsch zu finden, sondern für seine Verdrängung.

Dass Jeannes komplexe Persönlichkeit männliche Züge aufwies, wird in der Darstellung ihres Lebens sehr deutlich.[16] Sie trug Männerkleidung, war geschickt im Umgang mit Pferden und im Kämpfen, und sie war begeistert von ihrem guten Schwert, dem Schwert der Heiligen Katherina von Fierbois. Als sie ihr Dorf Domremy verließ, bereitete der Abschied von ihrer kleinen Freundin Hauviette, mit der sie manchmal ein Bett geteilt hatte, ihr den größten Kummer. Zwar können wir davon ausgehen, dass diese Beziehung rein und nicht von irgendwelchen fleischlichen Gelüsten

16 Ihre Männlichkeit machte auf ihre Richter großen Eindruck, denn sie fragten sie, warum sie Mannskleider trage (Schirmer-Imhoff, 1961, z.B. S. 53, 61). Sie benehme sich in allem mehr wie ein Mann als eine Frau, schrieben sie.

besudelt war, aber wir wissen heute mehr über die unbewussten Impulse, die solchen jugendlichen Schwärmereien zugrunde liegen. Deshalb können wir, ohne voreilig zu sein, annehmen, dass Jeanne, wie viele andere kleine Mädchen, als Kind eine ausgeprägte homosexuelle Phase durchlief. Sie muss an Adlers männlichem Protest gelitten haben; und dies muss der bewusste Ausdruck eines unbewussten Penisneids gewesen sein. Kurz, sie musste früher einmal eifersüchtig auf ihren Vater oder ihre Brüder gewesen sein und sich gewünscht haben, über die Waffen ihres Geschlechts zu verfügen. Ein hoher Grad an angeborener Homosexualität oder die Tatsache, dass die Mutter und Schwestern liebenswerter schienen als der Vater und die Brüder, könnte der Grund sein, dass solche Wünsche ungewöhnlich stark ausgeprägt sind. Die Intensität des männlichen Protests bei Jeanne war wahrscheinlich auf beide Faktoren zurückzuführen. Es gibt in den Akten einige Hinweise auf eine angeborene Männlichkeit, da sie zum Beispiel nicht menstruierte, was vielleicht noch verstärkt wurde durch den Kontrast zwischen einer sanften Mutter und einem Vater, der ihren Brüdern gesagt hatte, dass entweder er selbst oder sie Jeanne ertränken sollten, falls sie den Soldaten in den Krieg folgen sollte (ebd., S. 53).

Jeanne jedoch war fromm, und sie muss bald ihren negativen Ödipuskomplex und den damit verknüpften Penisneid verdrängt haben. Vielleicht machte sich, als sie in die Pubertät kam, ihre weibliche Natur stärker bemerkbar, sodass der unbewusste Konflikt für sie unerträglich wurde und die Schuldgefühle stärker. Jedenfalls begannen zu der Zeit ihre Stimmen ihr zu sagen, sie solle gut sein, und sie erteilten ihr einen Auftrag. Ein Teil dieses Auftrags bestand darin, den Dauphin zum König zu krönen.

Anthropologen sind, nicht weniger als Psychoanalytiker, vertraut mit den Symbolen für Königtum und Macht. Alle frühen Könige stellten auf magische Weise die Fruchtbarkeit ihrer Länder sicher, und die Szepter, Peitschen und Kronen, mit denen sie ausgestattet waren, waren phallische Embleme, die ihnen bei dieser Aufgabe helfen sollten. Für das Unbewusste hatten die Insignien der Autorität immer diese Bedeutung gehabt, und die Krone, die Jeanne dem Dauphin geben sollte, kann keine Ausnahme von dieser Regel gewesen sein.

In Rouen sorgten Jeannes Mut und ihre intellektuelle Überlegenheit dafür, dass die Antworten, die sie den Richtern gab, unter den berühmten

Verteidigungsreden der Geschichte denselben Rang einnahmen wie die Antworten Sokrates'. Aber an einer Stelle waren ihre Antworten weniger klar und genau. Als sie gefragt wurde, welches Zeichen sie dem Dauphin überreicht hatte, verweigerte sie zunächst die Antwort. Unter Druck gesetzt erklärte sie dann, es sei eine Krone gewesen, die nicht von irdischen Händen gefertigt war und durch einen Engel vom Himmel gebracht wurde. Schließlich scheint sie zugegeben zu haben, dass sie selbst der Engel war. Diese Antwort überraschte ihre Verteidiger, die, wie Andrew Lang, viel Zeit mit der Suche nach einer Erklärung verbracht haben, warum diese Geschichte eine Allegorie sei, die Jeanne erfunden hatte, um die tatsächliche Beschaffenheit dieses Zeichens zu verbergen. Sie könnte tatsächlich versucht haben, manches für sich zu behalten; dass sie aber gerade diese besondere Phantasie dafür ausgewählt hatte, ist nicht ohne Bedeutung. Es war eine dramatisierte Erfüllung des Hauptauftrags – die Wiederherstellung –, den die Stimmen ihr erteilt und den sie nun erfüllt hatte.

Wir sind jetzt in der Lage, die Fäden dieser langen Argumentation zusammenzufassen. Eine Schlussfolgerung zwingt sich auf, selbst wenn sie phantastisch zu sein scheint. Jeanne hatte als Kind einen negativen Ödipuskomplex. Wie viele kleine Mädchen begehrte sie den Phallus ihrer Brüder oder ihres Vaters; aber sie verdrängte diesen Wunsch und reagierte mit Schuldgefühlen. Deshalb verlangte ihr Über-Ich von ihr, wiederherzustellen, was sie hatte wegnehmen wollen. Diese Aufgabe erfüllte sie symbolisch, denn sie allein war es, die bewirkte, dass ihr Dauphin gekrönt wurde. Alle Analytiker müssen Patientinnen mit fast identischen Vorstellungen gehabt haben. Daher unterscheidet sich das Leben Jeannes, soweit wir es bis jetzt betrachtet haben, nur dadurch von dem Leben vieler anderer verwirrter Neurotikerinnen, dass es sich auf einer größeren Bühne abspielte.

Diese Schlussfolgerung ist jedoch noch nicht das letzte Wort über Jeannes Aufgabe. Die Erfüllung derartiger Pflichten verläuft selten konsequent, und Analytiker sind es gewohnt, neben allen Bußhandlungen auch eine symbolische Wiederholung des Verbrechens zu entdecken.

Außer Jeannes Wunsch, dem Dauphin die Krone zurückzugeben, gab es nur noch den Wunsch, die englischen Zerstörer aus den ›doux pays de France‹ zu vertreiben. Manchmal heißt es, Jeanne habe die Idee Frankreich erschaffen – eine Idee, die zur Grundlage des späteren Nationalismus der feurigen Bevölkerung dieses Landes geworden ist. Zumindest scheinen ihre eigenen Gefühle für die ›Isle de France‹ sehr ähnlich gewesen zu sein wie die der späteren Schwärmer für ›la patrie‹. Die Symbolik dieses Konzepts ist sehr klar, da französische Patrioten in Kriegszeiten ihr Land selbst mit einer Mutter verglichen haben, der von einem ausländischen Feind Gewalt angetan wurde. Für freudianische Psychologen ist es daher leicht, in dieser Sprache die Wut zu erkennen, mit der ein Sohn darauf reagiert, dass sich seine Mutter dem Vater unterwirft. Deshalb ist die Phantasie, das Mutterland vor einem fremden Feind zu retten, ein häufiges Derivat des männlichen positiven Ödipuskomplexes. Dass sie bei Jeanne zu beobachten war, ist daher ein weiterer Hinweis auf eine Inversion der normalen weiblichen Reaktion auf die Eltern. Aber das Hauptinteresse gilt hier der Verknüpfung mit der Aufgabe der Wiederherstellung. Jeanne muss die schlechten Eigenschaften ihres ersten Bildes von ihrem Vater auf die Engländer projiziert haben und die guten Eigenschaften auf Gott, den Heiligen Michael und den Dauphin. Nach einer Legende, deren Authentizität zwar zweifelhaft ist, die aber mit Jeannes Psychologie übereinstimmt, überredete sie den Dauphin, ihr das Reich zu übertragen, das sie zurückerobert hatte. Danach übergab sie es formell Gott, um es dann wieder vertrauensvoll dem König zurückzugeben. Auch wenn die Geschichte wahrscheinlich übertrieben ist, so könnte sie doch ein Körnchen Wahrheit enthalten: Symbolisch nahm sie dem Vater zweimal die Mutter weg und gab sie ihm zweimal wieder zurück. In den meisten Lebensaufgaben lassen sich ähnliche Wiederholungen des Verbrechens und der Bußhandlungen entdecken.

Trost und Hilfe

Als Jeannes Stimmen ihr befahlen, gut zu sein und dafür zu sorgen, dass der Dauphin die Krone zurückbekam, verhielten sie sich, wie man es von allen Über-Ichs kennt. Aber als sie ihr Trost spendeten und versprachen, ihr zu helfen,[17] scheinen sie einen weniger bekannten Aspekt dieser geheim-

17 Jeanne sprach häufig von dem großen Trost, den die Stimmen ihr sowohl zu

nisvollen Wesen gezeigt zu haben. Denn abgesehen von Freuds Arbeit über den Humor gibt es wenig Hinweise, dass ein Über-Ich sowohl freundlich als auch streng sein kann. Da Menschen, die keine Gewissenskonflikte haben, selten eine Psychotherapie brauchen, gibt es in der Praxis eines Psychiaters wohl kaum Gelegenheit, die Gutartigkeit eines Über-Ichs zu entdecken. Aber vielleicht hilft die Anthropologie der Religion, diese Lücke zu füllen.

Im Zeitalter des Glaubens und des Aberglaubens wurde das Über-Ich als Gott objektiviert. Selbst die Götter primitiver Völker waren Helfer in der Schlacht und beschränkten sich nicht darauf, diejenigen zu bestrafen, die ein Tabu verletzt hatten. In der Blütezeit des Christentums lebten die Menschen mit der lebhaften Vorstellung ihrer Nähe zu Gott, der sie lieben und zum ewigen Heil führen oder hassen und ins Fegefeuer und in die Hölle schicken konnte. Ihr Seelenfrieden hing davon ab, welche dieser Einstellungen sie in ihrer Vorstellung bei Gott vermuteten.

Es wird von vielen Menschen berichtet, die von der sicheren Überzeugung, verdammt zu sein, zu der Gewissheit übergingen, gerettet zu sein. Konversionen dieser Art finden sich auch heute noch häufig bei Evangelikalen. Und in jedem Kinderzimmer lässt sich die Umwandlung eines Unglücks in Seligkeit beobachten. Ein Kind ist ungehorsam. Es versucht, sich gegen seine Eltern zu behaupten. Aber nach und nach ist das wachsende Gefühl der Einsamkeit und das Gefühl, nicht mehr geliebt zu werden, nicht mehr auszuhalten. Es weint, entschuldigt sich, ihm wird vergeben, und es hat das Gefühl, dass alles wieder in Ordnung ist. Bei einer religiösen Konversion muss deshalb etwas Ähnliches ablaufen, etwas, das analog ist wie Buße und Verzeihen für das ungehorsame Kind. Daher lässt sich annehmen, dass das Über-Ich, ähnlich wie Eltern, in der Lage ist, diejenigen zu lieben, die sich seinem Willen unterwerfen. Für die meisten Christen sind deshalb, wie wir sehen, Buße und gute Vorsätze die Bedingungen für eine Wandlung und das Gefühl, ihre Sünden seien vergeben. Eine kleine Variante dieses Bekenntnisses besagt, dass der Glaube eine notwendige und hinreichende Bedingung ist; da aber Zweifel eigentlich nur ein Symptom für ein unbewusstes Aufbegehren sind, laufen diese beiden Theologien weitgehend auf dasselbe hinaus.

Beginn ihrer Taten als auch später während der langen Monate in Gefangenschaft und vor dem Gericht spendeten. Siehe *The Trial*.

Die augustinische Sichtweise, dass das Seelenheil einzig und allein von der Laune Gottes abhängt, ist schwerer zu verstehen. Sie ergibt sich natürlich logisch aus dem Axiom der göttlichen Allmacht. Doch werden selbst logische Schlussfolgerungen selten akzeptiert, wenn sie nicht so formuliert werden, dass sie einem unbewussten Wunsch entsprechen. Vielleicht wurde diese Doktrin von Menschen entwickelt, die so von der Unvermeidlichkeit der Sünde überzeugt waren (also von ihrem unbewussten Hass auf ihren Vater), dass sie sich gar nicht vorstellen konnten, sie hätten Vergebung verdient. In ihrer Vorstellung konnten sie ihre Hoffnung für ihr Seelenheil nur auf ein Wesen richten, das wenigstens[18] einige von ihnen trotz ihres Hasses lieben könnte. Das heißt, sie konnten nur bei einem masochistischen Gott auf Erlösung hoffen. Nun, Christus liebte sie, obwohl sie für seinen Tod verantwortlich waren. Damit gestand er ihnen zu, ihn auf sadistische Weise zu lieben (also die einzige Art und Weise, die mit ihrem ambivalenten Unbewussten vereinbar war); und im Gegenzug waren sie bereit, ihn auf masochistische Weise zu lieben und in seinem Namen zu einem Martyrium bereit zu sein. So entwickelten sie eine sadomasochistische Beziehung zu ihrem Über-Ich, was anscheinend für alle Beteiligten eine befriedigende Lösung war.

Daher gilt, dass alle Formen einer religiösen Wandlung für eine Aussöhnung zwischen dem Über-Ich und dem Ich stehen, mit der die Aussöhnung zwischen den Eltern und einem aufsässigen Kind wiederholt wird. Davor gibt es nur Unglück, Depression und ein tiefes Gefühl der eigenen Unzulänglichkeit; danach gibt es Freude und Vertrauen aus dem Gefühl heraus, geliebt zu werden. In einer erfolgreichen Analyse passiert etwas Ähnliches, aber weniger, weil sich das Ich dem Über-Ich unterworfen hätte, sondern eher aufgrund der Entdeckung, dass viele Konflikte aus der Kindheit stammen und es in der Gegenwart keinen rationalen Grund für sie gibt.[19]

18 Warum konnten diese Theologen, wenn sie schon so weit gegangen waren, sich nicht vorstellen, dass alle gerettet werden könnten? Möglicherweise konnten sie nicht auf die sadistische Lust verzichten, sich ihre Rivalen in der Hölle vorzustellen.

19 [Inzwischen (1977) meine ich, dass die Aussöhnung eher darauf beruht, dass der in das Über-Ich projizierte Sadismus in das Ich re-introjiziert wurde, sodass das Ich sich des eigenen Sadismus gegen seine guten inneren Objekte

Nun ist es Zeit, zu Jeannes Heiligen zurückzukehren. Zuerst hätten diese sie mit Ratlosigkeit und Zweifeln erfüllt, sagte sie. Was sie seien, habe sie gefragt, und wie sollte sie ihre ungewöhnlichen Aufträge erfüllen? Dieser Zweifel nun scheint, wie jeder religiöse Zweifel, Ausdruck einer unbewussten Revolte zu sein. Zunächst, so könnten wir annehmen, rebellierte Jeannes Unbewusstes gegen ihr Über-Ich, und daher fühlte sie sich, wie alle Sünder und Neurotiker, traurig, schwach und gar nicht in der Lage, ihrer Aufgabe gerecht zu werden. Es ging ihr wie dem ungehorsamen Kind, dessen Welt ganz aus den Fugen geraten ist, weil es bewusst meint, nicht geliebt zu werden. Bald scheint sie sich jedoch ihren Stimmen unterworfen zu haben, und danach verwandelten sich ihre Unzulänglichkeit und Zweifel in Vertrauen und Freude. Wie das Kind, dem vergeben worden ist, hatte sie das Gefühl, dass nichts in der Welt ihr mehr Angst machen konnte, weil sie sich wieder geliebt fühlte. Ähnlich geht es all denen, die von dem Gefühl getragen werden, einem berechtigten Anliegen gerecht werden zu können, weil sie von dem erstaunlichen Zutrauen erfüllt sind, das geliebte Objekt ihres Über-Ichs zu sein. Sie sind das auserwählte Volk und sind so furchtlos wie Kinder, die sich der Liebe ihrer Eltern sicher sind. Außerdem waren in Jeannes Über-Ich beide Eltern vertreten; sie wurde durch die Heilige Margarete und die Heilige Katharina unterstützt und außerdem noch durch den Heiligen Michael und Gott.

Der Sadismus der Stimmen

Vielleicht gibt das Über-Ich denen Halt, die sich seinem Willen unterwerfen, aber es ist auch streng. Vielleicht tröstet der Christengott die Leidenden; doch gehört zu seinen Geschenken nicht selten auch die Krone eines Märtyrers. Dass er denjenigen, die sich ihm widersetzen, einen Ort der Qualen reservieren sollte, ist dem bewussten menschlichen Willen verständlich; dass er aber auch diejenigen verfolgen sollte, die sich ihm unterworfen haben, ist schon schwerer zu verstehen.

---

bewusstwerden und ihn betrauern kann, wodurch der Weg frei ist, dass diese ihm für sein Gefühl vergeben.]

Das Über-Ich ist die Introjektion des ersten Bildes, das sich ein Kind von seinen Eltern macht, und dieses Bild ist bereits durch die Projektion seiner verdrängten Wünsche verzerrt. Die infantile Sexualität ist höchst sadistisch, sodass das Elternbild sowie das nach diesem Bild geformte Über-Ich viel grausamer sind, als wirkliche Eltern es wahrscheinlich je sein könnten. Außerdem ist das Über-Ich nahezu unveränderlich, solange es unbewusst bleibt. Sich ihm unterzuordnen, ändert also nicht viel an seinem Charakter, macht aber seinen Sadismus leichter zu ertragen. Die Unterordnung ist tatsächlich eine masochistische Unterordnung. Das gequälte Ich interpretiert den Sadismus des Über-Ichs um in eine Art Liebe, die, zumindest in der Phantasie, den weiblichen Anteil des sexuellen Impulses befriedigt. Das ist die einzige erotische Befriedigung, die ein strenges Über-Ich zulässt.

Die beiden weiblichen Heiligen Jeannes waren Märtyrerinnen, und die eine war auch noch die auserwählte Braut Christi. Die Heilige Margareta sagte zu dem römischen Statthalter, da Jesus für sie gestorben sei, sehne sie sich danach, selbst für ihn zu sterben. Daraufhin wurde sie an eine Folterbank gebunden und ausgepeitscht und ihr Fleisch mit eisernen Nägeln zerrissen. Nachdem sie der Versuchung des Teufels widerstanden hatte, der ihr sowohl als riesiger Drache als auch als freundlicher Mann erschienen war, wurde sie schließlich geköpft. Ihre Seele flatterte in Gestalt einer Taube gen Himmel (France, 1999[1908], S. 31f.).

Die Heilige Katharina war die Tochter eines heidnischen Königs, sie war wunderschön, intelligent und bezaubernd; sie wies anfangs alle Männer zurück, die um sie freiten; sie seien nicht gut genug für sie. Als aber das Jesuskind ihr anbot, sie zu heiraten, wenn sie sich taufen ließe, wurde sie Christin und weigerte sich, noch zu Dämonen zu beten. Mittlerweile hatte der Kaiser von ihrer großen Schönheit gehört und war zweifellos verärgert, als er erfuhr, sie habe sich einem Rivalen ergeben. Er ließ fünfzig Schriftgelehrte kommen, die mit ihr streiten und sie umstimmen sollten. Stattdessen bekehrte sie alle, auch den Heerführer und die Kaiserin, der sie eine Engelskrone auf das Haupt setzte. Nachdem sie sich nicht hatte überreden lassen, griff der Kaiser zum Mittel der Folter, um ihren Willen zu brechen. Aber wieder weigerte sie sich, den Götzen zu opfern, und sagte, sie wolle ihr »Fleisch und Blut Jesum Christum opfern. Er ist mein

Liebster, mein Hirte und Gemahl« (ebd., S. 37). Sie wurde wegen ihrer Weigerung verurteilt, aber die Folterinstrumente wurden wundersam zerbrochen; es war leichter gewesen, den Urteilsspruch zu fällen als ihn auszuführen. Irgendwann jedoch war der Kaiser erschöpft und ließ sie köpfen. Im Moment ihres Todes ertönte eine Stimme aus dem Himmel und sagte zu ihr: »Komm, geliebte Braut, die Pforte des Himmels ist dir geöffnet« (ebd., S. 38).

Man kann wohl annehmen, dass Jeanne diese Legenden kannte und von ihnen beeinflusst wurde, weil sie an etwas in ihrem eigenen Unbewussten rührten. Wir haben argumentiert, dass sie als Kind eifersüchtig auf ihren Vater war und seinen Platz einnehmen wollte. Anders gesagt, ihre ursprünglichen Impulse waren männlich und homosexuell. Aus diesem Grund wies sie alle irdischen Bewerber zurück, und ihr Über-Ich war vor allem entsprechend ihrem Vaterbild geformt. Gleichzeitig aber liebte sie, aus ihren normalen Impulsen heraus, ihren Vater, oder das nach seinem Bild geformte Über-Ich. Als diese Impulse stärker wurden, wurde der Konflikt heftiger. Da ihre eigenen kindlichen aggressiven Wünsche in ihr Über-Ich projiziert waren, war es sadistisch. Sich ihm weiblich unterzuordnen, war also schwierig. Darüber hinaus kam die Unterwerfung einer psychischen Kastration gleich, dem Aufgeben ihrer maskulinen Wünsche. Die Enthauptung ist ein geläufiges Symbol für eine Kastration, und Jeannes beide Heilige waren geköpft worden, bevor sie in die ewige Seligkeit eingingen. Für Jeannes Unbewusstes muss ihr ekstatischer Märtyrertod wie eine mystische Verbindung mit dem Vater gewesen sein – eine weibliche und masochistische Unterwerfung unter ein Über-Ich, das so sadistisch war wie ihr eigenes.

Die meisten Frauen lassen ihre männlichen Bestrebungen hinter sich, wenn die Hoffnung auf eigene Kinder stark genug ist, um sie für den Verlust zu entschädigen. Jeanne war vielleicht keine Ausnahme von dieser Regel. Ihre Richter beschuldigten sie, vor de Baudricourt damit geprahlt zu haben, dass sie nach der Erfüllung ihrer Aufgabe drei Söhne haben werde, einen Papst, einen Kaiser und einen König. Als de Baudricourt dies hörte, soll er gesagt haben, er würde für einen davon sorgen, worauf sie geantwortet haben soll: »Nein, lieber Robert, dies ist jetzt nicht die Zeit;

der Heilige Geist wird dafür sorgen«![20] Wenn diese Geschichte stimmt, könnte Jeanne, genau wie die Heilige Katharina, geglaubt haben, sie könne eine heilige Braut werden. Sie könnte aber gleichzeitig daran gedacht haben, dass sie, genau wie ihre Heiligen, zuvor einer Reihe von Prüfungen unterzogen werden würde. Sie hätte nur noch ein Jahr, vielleicht ein bisschen mehr, vor sich, sagte sie zu ihren Freunden. Vielleicht wusste sie, dass ihre Stimmen, ähnlich wie der Gott ihrer Lieblingsheiligen, etwas Schreckliches von ihr verlangen würden, etwas, das sie befolgen müsste, bevor sie ihre Belohnung erhalten könnte.

Schon zu Beginn von Jeannes Laufbahn gab es bei ihren süßen und freundlichen Stimmen Anzeichen, die ihre Verwandtschaft mit den Furien der griechischen Tragödien erkennen ließen. Sie konnte den nachdrücklichen Forderungen ihrer Stimmen nicht entkommen, genauso wenig wie den Gefahren, die auf sie lauerten, wenn sie ihnen gehorchte. Sie war oft dazu gezwungen, ihr Leben aufs Spiel zu setzen – zuerst durch die Hand ihres Vaters, der ihr drohte, sie zu ertränken, wenn sie ihr Zuhause verlassen würde; dann in den zahllosen Begegnungen, auf die sie sich mit so viel Tapferkeit und innerem Feuer einließ. Die Stimmen zwangen sie, Verletzungen und Beleidigungen zu riskieren, die für sie schlimmer waren als der Tod. Robert de Baudricourt wollte sie zunächst als Dirne für seine Truppen behalten, und als er feststellte, dass sie sich für diese Rolle nicht eignete, empfahl er, sie gründlich durchzuprügeln und nach Hause zu schicken. Vielleicht dachte er, ähnlich wie der arabische Arzt, der diese Behandlung für eine spanische Herzogin vorschlug, dass sie damit von ihrer Frigidität geheilt werden könnte.[21]

Als ihre Stimmen ankündigten, dass sie verletzt werden würde, war sie sorgsam darauf bedacht, dass diese Prophezeiungen in Erfüllung gehen würden. Da sie ihr auch ihre Gefangennahme prophezeiten, könnten sie für Jeannes überstürzten und verhängnisvollen Abzug aus Compiègne verantwortlich sein. Aber erst gegen Ende ihres Lebens scheinen die Absichten ihrer Stimmen ganz klar geworden zu sein. Sie scheint sich ihnen zu der Zeit widersetzt zu haben. Sie sagten ihr, sie solle nicht versuchen zu ster-

20 *The Trial*, S. 151.

21 Havelock Ellis, H. (1903): *Studies in the Psychology of Sex, III.* Philadelphia (F.A.Davis), S. 130.

ben und solle auch nicht versuchen, durch einen Sprung vom Turm von Beaurevoir zu fliehen. Aber sie sprang und wäre so fast dem viel grausameren Tod entkommen, der ihr bevorstand. Eine Zeitlang scheint es ihr gelungen zu sein, das ihr prophezeite Schicksal vor sich selbst zu verbergen. Die Stimmen sagten ihr, dass sie durch einen großen Sieg befreit werden würde; oder sie sagten: »Nimm alles ruhig hin, achte nicht auf deinen Kummer (Martyrium). Dann wirst du schließlich ins Paradies eingehen.«[22] Zuerst glaubte sie, ihr würde irdischer Beistand versprochen, aber schließlich wurde ihr klar, dass ihr nur die Krone einer Märtyrerin angeboten wurde. Tatsächlich widersetzte sie sich ein weiteres Mal. Denn als sie verurteilt wurde und niemand ihr beistand, glaubte sie für einen Moment, ihre Stimmen hätten sie getäuscht. In diesem Moment widerrief sie und wurde begnadigt. Aber einige Tage danach unterwarf sie sich wieder ihren Stimmen. Sie wusste jetzt endlich, dass diese ihren Körper schon die ganze Zeit dazu bestimmt hatten, verbrannt zu werden. Nach einer qualvollen Zeit der Reue kehrte ihre Zuversicht zurück, und als sie erklärte, dass ihre Stimmen wirklich von Gott stammten, war sie bereit, sich ihrem Schicksal zu stellen. Sie erduldete schweigend, dass der Vollstrecker des Todesurteils sie auf den Scheiterhaufen band, und sogar noch, als das Feuer nach ihr züngelte, blieb sie standhaft und ergeben.[23] Vielleicht ertrug sie, aus einem ekstatischen Gefühl heraus, ihre Aufgabe vollbracht und für ihre Sünden gebüßt zu haben, die langen Minuten unerträglicher Schmerzen – bis sie schließlich laut Jesus anrief und starb.

Die halluzinatorische Intensität der Stimmen

Zu sagen, dass Jeannes Stimmen ihrem Über-Ich entstammten, trägt nur wenig zur Erklärung ihrer Probleme bei. Wir haben alle ein Über-Ich, aber

22 Lang, A. (1909). *The Maid of France.* London (Longman, Green & Co), S. 269. *The Trial*, S. 155.

23 Die Meinungen gehen auseinander, ob sie sich ergeben hatte oder kollabiert war. Ich ziehe die heroischere Version vor.

nur wenige von uns wären in der Lage, solche Aufgaben wie sie zu erfüllen. Auch viele andere Charakteristika ihrer Stimmen harren noch der Erklärung; am interessantesten ist vielleicht deren halluzinatorische Intensität.

Im fünfzehnten Jahrhundert glaubten alle Menschen an Heilige und Dämonen, sodass wohl auch normale Menschen die Ermahnungen ihres Gewissens als objektive, äußere Realität deuteten. Aber Jeannes Stimmen scheinen von einer Lebendigkeit erfüllt gewesen zu sein, die weit über das hinausging, was gewöhnlichere Leute erlebten. Auch Sokrates hörte Stimmen, die ihm kluge Ratschläge erteilten, und zu derselben mysteriösen Kategorie gehören alle medialen Phänomene. Deshalb ist die Frage, warum Jeannes Stimmen so lebhaft waren, von einer allgemeinen Bedeutung, die über das historische Interesse hinausgeht.

Unter allen Träumen gibt es welche, die sich durch ein merkwürdiges Realitätsgefühl auszeichnen. Wenn ein Analytiker mit einem derartigen Traum konfrontiert ist, vermutet er meist einen Zusammenhang mit einem kindlichen Trauma. So träumte der wohl berühmteste Patient[24] Freuds mit viereinhalb Jahren, als er nachts im Bett lag, dass sich das Fenster plötzlich von allein öffnete und er den großen Nussbaum davor sah, auf dem ein paar weiße Wölfe saßen, die ihn aufmerksam betrachteten. Er wachte entsetzt auf und konnte nur schwer wieder beruhigt werden – so real war ihm der Anblick erschienen. Die volle Analyse dieses Traums dauerte fünf Jahre; aber als er schließlich vollständig gedeutet war, verschwand seine Neurose.

Als kleines Kind hatte der Patient etwas gesehen, was die Ursache für all seine späteren Probleme war. Er hatte wegen einer fiebrigen Erkrankung im Schlafzimmer seiner Eltern geschlafen; als er aufwachte und die Augen öffnete, sah er ihren Koitus. Zunächst hatte er das Ereignis vergessen, das scheinbar keinen Eindruck bei ihm hinterlassen hatte. Aber später sah er, in der Blütezeit seines Ödipuskomplexes, zwei Schäferhunde, die sich ähnlich verhielten. Das weckte seine schlafende Erinnerung und löste den Traum aus. Im Schlaf reproduzierte sein Unbewusstes die alte Szene noch einmal, was dieses Mal zu intensiven Kastrationsängsten führte. In-

24 Freud, S. (1918). Aus der Geschichte einer infantilen Neurose [»Der Wolfsmann«]. *GW XII*, 27–157.

soweit er männlich war, wurde er zum Rivalen seines Vaters, und insoweit er weiblich war, realisierte er, dass er seinen Penis verlieren müsste, um geliebt zu werden. Der manifeste Traum enthielt lediglich die damit verknüpften Assoziationen. Das Öffnen des Fensters stand dafür, dass ihm die Augen geöffnet wurden, und was er sah, waren nicht seine Eltern, sondern die mit ihnen assoziierten Wölfe. Außerdem waren sie nicht mit einem Koitus beschäftigt, sondern starrten ihn an, so wie er seine Eltern zweieinhalb Jahre zuvor angestarrt hatte. Aber obwohl die Erinnerung unbewusst blieb, nahm die dadurch ausgelöste Angst eine konkrete Form an und löste sein erstes neurotisches Symptom aus – eine Wolfsangst.

Wenn diese merkwürdig lebhaften Träume auf einer derartigen traumatischen Erfahrung aus einer weit zurückliegenden Vergangenheit beruhen, könnte es durchaus sein, dass Tagträume von einer halluzinatorischen Intensität ähnliche Ursachen haben. Jeanne verfiel oft in Trance und hatte Visionen vom Heiligen Michael, der Heiligen Margarete und der Heiligen Katharina. Sicher waren diese Visionen mit bekannten Bildern oder Statuen dieser Heiligen verknüpft, die Jeanne gesehen und bewundert hatte. Aber warum sollten diese Statuen oder Bilder so wichtig gewesen sein, dass sie ihr während ihres gesamten Lebens in Visionen erschienen? Dass Freuds Patient im Traum von Wölfen verfolgt wurde, lag nur daran, dass sie ihn an ein traumatisches Ereignis erinnerten. Das legt die Analogie nahe, dass die Bilder oder Statuen von Jeannes Heiligen vielleicht nur deshalb in Visionen zurückkehrten, weil sie ihr Unbewusstes an etwas erinnerten, wovon sie besessen war.

Vielleicht ist es eine unbegründete Annahme, dass Jeanne als Kind etwas Ähnliches erlebt hatte wie Freuds Patient. Ich möchte trotzdem von dieser Hypothese ausgehen und sehen, ob sie zur Erklärung der Fakten ausreicht. Vielleicht war die frühe Erfahrung zunächst vergessen. Und doch hätte ein Bild oder Gemälde des Heiligen Michael, das sie als größeres Kind gesehen hatte, sehr gut die unbewusste Erinnerung wachrufen können, denn er wurde meist als ein schöner Ritter dargestellt, der dabei war, den bösen Dämon mit seiner Lanze zu durchbohren (*The Trial*, S. 29).[25] Dieses Bild

25 Jeanne weigerte sich hartnäckig, das Aussehen des Heiligen Michael zu beschreiben. Aber sie sagte, er habe Flügel gehabt und sei ihr »in Gestalt eines wahren Edelmanns« erschienen (Schirmer-Imhoff, 1961, S. 64).

und die damit assoziierte Erinnerung hätten dann ihre Eifersucht ausgelöst und ihren Ödipuskomplex intensiviert. Wie Freuds Patient hätte sie sich sowohl davor gefürchtet, von ihrem Vater geliebt zu werden, als auch ihn gehasst, weil sie seinen Platz einnehmen wollte. Aber während Freuds Patient eine Wolfsphobie entwickelte, unterwarf sich Jeanne dem Heiligen Michael. Obwohl sie gegenüber der Außenwelt ihre männliche Einstellung beibehielt, verhielt sie sich gegenüber ihrem Über-Ich weiblich und masochistisch. Erst bei ihrer Hinrichtung, die für ihr Unbewusstes eine Art Hochzeit gewesen sein muss, war sie bereit, weibliche Kleidung anzulegen.

Wenn für Jeannes Unbewusstes der Heilige Michael der Vater war, wer waren dann die Heilige Margareta und die Heilige Katharina? Ihre verstorbene Schwester hieß Catherine, was vielleicht dazu beitrug, dass sie eine Heilige mit demselben Namen wählte. Aber mehr noch haben vielleicht die Bilder der Heiligen, auf denen sie goldene Kronen[26] trugen, sie beeindruckt – ein Bildnis der Heiligen Margareta hing in ihrer Dorfkirche.[27] Wir haben bereits erwähnt, wie wichtig Kronen für Jeanne waren, und die Auffassung vertreten, dass ihr Wunsch, den Dauphin zu krönen, eine Reaktion auf ihre Schuldgefühle wegen ihres unbewussten Penisneids waren. Aber hier tauchen diese königlichen Embleme in einem ganz anderen Zusammenhang auf. Und wieder könnten wir in den Fallbeispielen neurotischer Patienten nach Parallelen suchen, die diesen Aspekt vielleicht erklären.

Der unter dem Begriff Fetischismus bekannte Zustand ist ziemlich verbreitet und unter Psychoanalytikern viel diskutiert worden. Der typische Fetischist ist ein Mann, der von einem Attribut der Dame seines Herzens völlig besessen ist – zum Beispiel ihrem Korsett oder irgendeinem anderen Detail ihrer Kleidung. Für den Helden in Sader-Masochs Roman *Venus im Pelz* waren beispielsweise die Pelze und die Peitsche dieser Dame besonders anziehend. Freud hat viele Beweise dafür zusammengetragen, dass diese Zustände auf den Schock durch eine frühe Entdeckung zurückzufüh-

26 Jeanne sagte ihren Richtern, dass die Häupter der Heiligen Margareta und der Heiligen Katharina »gekrönt [waren] mit schönen, reichen und kostbaren Kronen« (ebd., S. 28).

27 Honiteaux, *Jeanne d'Arc*, S. 6.

ren sind. Der kleine Junge geht zunächst ganz selbstverständlich davon aus, dass alle Menschen dieses sexuelle Organ besitzen, das ihm so wichtig ist. Er könnte jedoch wie der berühmte »Wolfsmann« eines Nachts aufwachen und sein Kindermädchen oder seine Mutter in einer Situation beobachten, die ihn entdecken lässt, dass seine erste Annahme falsch war. Für eine gewisse Zeit könnte es so wirken, als sei diese Entdeckung vergessen worden. Wenn aber später seine Kastrationsangst durch den Ödipuskomplex angeregt wird, könnte er vielleicht etwas sehen, was ihn wieder daran erinnert. Er könnte dann voller Schrecken auf diese bedrohliche Erinnerung reagieren und könnte von dem Wunsch besessen sein, den Gegenbeweis zu erbringen. Später im Leben könnte ihn die in Pelze gehüllte Venus an die Schambehaarung erinnern, die er einmal statt des substantielleren Objekts erblickt hatte. Aber diese Venus ist auch mit dem phallischen Emblem der Peitsche ausgestattet, was ihn wieder beruhigt, sodass er sie ohne Angst lieben kann. Viele der großen Göttinnen des Altertums verdankten ihre Macht und ihre Anziehungskraft einem ähnlichen phallischen Symbolismus. Diana war eine Jägerin mit einem Bogen, und in der minoischen Religion wurde die Göttin immer mit Schlangen assoziiert.

Auf den ersten Blick wirkt es vielleicht etwas phantasievoll, bei Mädchen von einem ähnlichen Fetischismus auszugehen, da man erwarten könnte, dass sie glauben, ihre Mütter sähen genauso aus wie sie. Kleine Mädchen, die erstmals entdecken, dass ihre älteren Brüder mit männlichen Organen ausgestattet sind, könnten ihren Penisneid mit der Vorstellung beruhigen, der Größenunterschied sei lediglich eine Frage des Alters und ihre Klitoris würde eines Tages genauso groß sein wie ihr phallisches Homolog. Diese Überzeugung wird jedoch durch die Entdeckung erschüttert, dass auch die Mutter nicht über dieses männliche Organ verfügt. Deshalb könnte die Entdeckung der tatsächlichen Beschaffenheit des erwachsenen weiblichen Körpers auf Mädchen genauso traumatisch wirken wie auf Jungen. Auch sie könnten von dem Wunsch besessen sein, zu beweisen, dass dieses Wissen falsch ist.

Die Analogie zu diesen Beispielen könnte vermuten lassen, dass auch Jeanne zu diesem Typus gehörte und dass auch ihr Wunsch nach einem Penis durch die Entdeckung erschüttert wurde, dass ihre Mutter dieses überaus wichtige Organ nicht besaß. Die Bilder oder Statuen der Heiligen Margareta und der Heiligen Katharina mit ihren phallischen Kronen könnten dann zu einer Obsession geworden sein, weil sie die Wahrheit symbolisch leugneten und es Jeanne ermöglichten, an ihrer unbewussten Überzeugung festzuhalten, dass auch sie eines Tages eine ähnliche Krone besitzen würde. Mehr noch könnten die Legenden dieser Heiligen dazu beigetragen haben, ihre von diesen Statuen ausgehende unbewusste Phantasie zu stützen und auszuschmücken. Obwohl sie beide enthauptet wurden, empfingen sie die Märtyrerkrone und gewannen dadurch symbolisch zurück, was sie zuvor durch ihre weibliche Unterwerfung hatten aufgeben müssen.

So könnte, analog zu der Erfahrung des »Wolfsmannes«, ein einzelnes Ereignis in Jeannes früher Kindheit die Form ihres Ödipuskomplexes bestimmt haben und ihre Visionen ausgelöst haben, in denen ihr der Heilige Michael mit seiner Lanze und die Heilige Margareta und die Heilige Katharina mit ihren Kronen erschienen waren.[28] Da diese Heiligen symbolisch für ihre Eltern standen, sprachen sie mit der Stimme ihres komplexen Über-Ichs und verlangten von ihr, Wiedergutmachung für ihre eifersüchtigen und neidischen Wünsche zu leisten. Ohne von einer vergangenen Realität gestützt zu werden, könnten es lediglich Phantasien gewesen sein, denen die Anschaulichkeit wahrer Halluzinationen fehlte. Aber ohne diese Anschaulichkeit hätten sie wohl kaum den Glauben und das außerordentliche Zutrauen ausgelöst, das es Jeanne ermöglichte, ihre gewaltigen Aufgaben zu erfüllen.[29]

28 Ich möchte damit allerdings nicht den Eindruck erwecken, die Annahme einer ›Urszene‹ in Jeannes früher Kindheit sei mehr als eine bloße Vermutung – eine Vermutung, die vielleicht die Lebhaftigkeit ihrer Erscheinungen erklären könnte, die aber ganz offensichtlich nicht zu bestätigen ist.

29 Diese Arbeit ging in Druck, noch bevor Dr. Jones Paper über die phallische Phase erschien (Jones, E. [1933]. The Phallic Phase. *International Journal of Psychoanalysis* 14:1–33). Wenn Dr. Jones Argument zutrifft, wäre Jeannes maskuline Phase, die ich für eine primäre Phase gehalten habe, bereits eine sekundäre Phase nach einer vorausgegangenen und noch früheren femininen Phase; ihre hypothetische Entdeckung des anatomischen Geschlechtsunterschieds wäre dann die Wiederentdeckung eines instinktiven Wissens, das verdrängt worden war. Ansonsten bleibt das Argument unverändert.

Einführung zu Kapitel 3

Im Frühjahr 1952 war eine Sonderausgabe des *International Journal of Psychoanalysis* zu Ehren des 70. Geburtstages von Melanie Klein erschienen. Die darin enthaltenen Artikel wurden überarbeitet und für den Band *New Directions in Psychoanalysis. The Significance of Infant Conflict in Adult Behaviour* durch weitere Arbeiten u. a. von Clifford Scott, Lois Munro, Emilio Rodrigué, Wilfred Bion, Hans Thorner, Adrian Stokes, Elliott Jacques, Melanie Klein und Roger Money-Kyrle ergänzt. Das Buch spiegelt damit die ganze Bandbreite der damals bereits international fest etablierten kleinianischen Bewegung wider. Es war zugleich die erste Publikation des frisch gegründeten Melanie Klein Trust. Als Herausgeber fungierten Melanie Klein, Paula Heimann und Roger Money-Kyrle, der auch die Einführung zu dem umfänglichen Werk verfasste.

In seinem Vorwort weist Ernest Jones auf die Pionierleistung von Melanie Klein hin. »Es ist allgemein bekannt«, schreibt er, »dass ich Frau Kleins Werk von Anfang an mit dem größten Wohlwollen begegnet bin, zumal viele der Schlussfolgerungen mit denen übereinstimmten, zu denen ich selbst gelangt war; auch war ich davon überrascht, dass viele der vorgebrachten Einwände wie ein Echo derjenigen klangen, die mir aus den Anfangstagen der Psychoanalyse vertraut waren« (Jones 1955, S. V; Übers. H. W.). Er hebt den Mut und die Integrität hervor, mit denen Klein ihre Arbeit voranbrachte, und betont, dass ihr Werk nun fest etabliert sei.

Roger Money-Kyrle spannt in seiner kurzen Einführung den Bogen von der Entstehung der Psychoanalyse bis hin zu jenen Entdeckungen, zu denen Melanie Klein in ihrer psychoanalytischen Arbeit mit kleinen Kindern gelangte. Er beschreibt die Aufdeckung des Ödipuskomplexes, die Entwicklung der infantilen Sexualität und die Entdeckung des Über-Ichs als entscheidende Schritte in der Theorieentwicklung Freuds. Melanie Klein habe seine Hypothese des Todestriebes mit der Beschreibung des archaischen Über-Ichs und der Projektion eigener aggressiver Impulse verbunden. Zu Hilfe seien ihr dabei Karl Abrahams Untersuchungen zu den frühesten Stadien der seelischen Entwicklung gekommen, der sie zu ihren kinderanalytischen Bemühungen ermutigte und diese von Anfang an unterstützte. Hier, in der Analyse kleiner Kinder mit Hilfe der von ihr entwickelten Spieltechnik (vgl. Frank 1999), eröffnete sich ihr die Welt der unbewussten Phantasien, die mit den Erfahrungen der äußeren Realität in einem fluktuierenden Austausch stehen.

Money-Kyrle zeichnet von hier aus Kleins Entdeckung der beiden seelischen Positionen, der »paranoid-schizoiden« und der »depressiven Position« mit den ihnen zugehörigen charakteristischen Objektbeziehungen, Ängsten und Abwehrmechanismen nach, die insbesondere auch unser Verständnis der Übertragungssituation vertieft und unsere Behandlungstechnik erweitert hätten. Er schließt mit dem Hinweis, dass dadurch das Behandlungsspektrum über Grenzen, die zwei Jahrzehnte zuvor noch unüberwindbar schienen, erweitert werden konnte und die Hoffnung bestehe, dass in der Zukunft auch die gegenwärtig noch bestehenden Barrieren überwunden werden könnten. Damit nahm er offenbar auf die psychoanalytische Behandlung erwachsener psychotischer und Borderline-Patienten Bezug, die sich zu Beginn der 1950er Jahre unter Kleins Schülern rapide entwickelte (Weiß, Horn 2007). So finden sich in dem von ihm mit herausgegeben Band allein vier Beiträge von Emilio Rodrigué, Herbert Rosenfeld, Wilfred Bion und Paula Heimann, die sich mit der Analyse von psychotischen Patienten beschäftigen. Money-Kyrle trug mit zwei Aufsätzen ›*Psychoanalyse und Ethik*‹ (siehe Bd. 4 der *Ausgewählten Schriften*) sowie ›*Versuch eines Beitrags zur Theorie des Todestriebs*‹ (Kap. 4 im vorliegenden Band) zur Entstehung des Werkes bei.

Heinz Weiß

Literatur

Frank, C. (1999): Melanie Kleins erste Kinderanalysen – die Entdeckung des Kindes als Objekt sui generis von Heilen und Forschen. Stuttgart-Bad Cannstatt: frommann-holzboog.

Jones, E. (1955): Preface to Klein, M., Heimann, P., Money-Kyrle, R. (eds.), New Directions in Psychoanalysis. The Significance of Infant Conflic to Adult Behaviour. London: Tavistock, V.

Klein, M., Heimann, P., Money-Kyrle, R. (eds.,1955): New Directions in Psychoanalysis. The Significance of Infant Conflict to Adult Behaviour. London: Tavistock.

Weiß, H., Horn, E. (2007): Zur Entwicklung des Psychosenverständnisses in der kleinianischen Tradition. In: Mentzos, S., Münch, A. (Hg.): Britische Konzepte der Psychosentherapie. Forum der Psychoanalytischen Psychosentherapie, Bd. 18, 11–39. Göttingen: Vandenhoeck & Ruprecht.

Kapitel 3

Einleitung zu *New Directions in Psychoanalysys* (1955)

Im März 1952 erschien zu Ehren Melanie Kleins aus Anlass ihres 70. Geburtstags eine Sonderausgabe des *International Journal of Psycho-Analysis*, die eine Reihe von Originalaufsätzen von Autoren umfasste, die entweder von Anfang an mit Kleins Arbeit verbunden waren oder zu ihren Schülern zählten. Für das vorliegende Buch sind elf dieser Aufsätze überarbeitet worden, zehn neue wurden noch hinzugefügt, von denen zwei von Melanie Klein selbst verfasst wurden.

Für alle, die im Bereich der Psychoanalyse arbeiten, bedarf es keiner weiteren Einleitung. Aber für eine breitere Leserschaft könnten einige Anmerkungen über die Entwicklung der psychoanalytischen Theorie und Technik sowie über Melanie Kleins Anteil an dieser Entwicklung willkommen sein.

* * *

Obwohl wir wissen, dass sich zwischen Zuständen, die man üblicherweise als seelisch gesund oder seelisch krank bezeichnet, keine klare Grenze ziehen lässt, haben wir immer dazu tendiert, eine solche Grenze zu ziehen.[1] Tatsächlich galt seelische Krankheit noch vor nicht allzu langer Zeit als ein unnatürliches Phänomen und wurde dem Bereich des Übernatürlichen zugeordnet. Der Kranke schien von mächtigen Geistern besessen zu sein und wurde als solcher immer gefürchtet. Aber ob er nun mit Gaben ausgestattet war und um Hilfe gebeten wurde oder zum Opfer einer erbarmungslosen Verfolgung wurde, hing von den in seiner Kultur gängigen abergläubischen Vorstellungen ab.

---

1 Seelische Gesundheit kann präzise als ein limitierendes Konzept definiert werden. Aber auch wenn diese Klassifizierung im Rahmen der psychoanalytischen Theorie sinnvoll sein könnte, so lassen sich ihr doch keine Elemente zuordnen.

Einen ersten Schritt zu einer moderneren Einstellung vollzogen die frühen Hypnotiseure, die, vor allem in Frankreich, am Ende des 18. Jahrhunderts zu Berühmtheit gelangt waren und ihre Technik während des 19. Jahrhunderts weiterentwickelten.[2] An zwei dieser berühmten Schulen – Charcots Schule an der Salpêtrière und Bernheims Schule in Nancy – wandte sich Sigmund Freud, damals ein brillanter junger Neurologe aus Wien, 1885 und 1889 auf der Suche nach Hilfe bei der Behandlung seiner Patienten.[3] Aber seine anfängliche Zufriedenheit mit der Anwendung der Suggestion nach Art der französischen Psychiater hielt nicht lange an, als er entdeckte, dass die leicht zu erzielenden und scheinbar wundersamen Heilungen nicht von Dauer waren und die Behandlungen häufig wiederholt werden mussten.

Inzwischen hatte die Arbeit eines älteren Wiener Kollegen, Josef Breuer, sein Interesse geweckt. Dieser behandelte die hysterischen Symptome einer jungen Frau mit einer anderen Form der Hypnose, er beseitigte die Symptome der Patientin nicht mittels Suggestion, sondern stellte ihr Fragen, und dabei fiel ihm auf, dass sie von »ihrer Bewußtseinstrübung befreit werden konnte, wenn man sie veranlaßte, in Worten der affektiven Phantasie Ausdruck zu geben, von der sie eben beherrscht wurde« (Freud 1925, S. 44). Wegen seiner Unzufriedenheit mit einer rein suggestiven Form der Hypnose wiederholte Freud das Experiment Breuers mit einer ähnlichen Patientin und erzielte mithilfe dieser Methode einen höchst ermutigenden Behandlungserfolg.

Eine Zeit lang arbeiteten Breuer und Freud gemeinsam an der Erforschung des Unbewussten, bis Breuer sich aus Angst vor der Stärke und Gewalt der im Unbewussten schlummernden Kräfte zurückzog und die von ihm so erfolgreich begonnene Forschung beendete. Freud setzte die Arbeit in einer zunehmend feindlich eingestellten Umgebung einige Jahre allein fort. Wer sich heute bei seiner eigenen Arbeit der freundlichen

2 Siehe Flügel, J. C. (1950): *Probleme und Ergebnisse der Psychologie – 100 Jahre psychologischer Forschung.* Stuttgart (Ernst Klett Verlag).

3 Diese kurzen Hinweise stammen aus: Freud, S. (1925d [1924]): »Selbstdarstellung«. *GW XIV*, 31–96. Freud, S. (1935a): Nachschrift zur Selbstdarstellung. *GW XVI*, 29–34. Ausführlicher in Jones, E. (1957): *Sigmund Freud: Life and Work.* London (Hogarth Press). Dt.: *Das Leben und Werk von Sigmund Freud.* Bern und Stuttgart (Huber) 1960.

Einstellung seiner Zeitgenossen – die eine unmittelbare Folge von Freuds Entdeckungen ist – erfreut, kann die enorme Opposition, die Freud überwinden musste, nur schwer nachvollziehen, auch nicht die Integrität, die es erforderte, um angesichts dieses Widerstands eine ausgewogene, zugleich kritische und zuversichtliche Einstellung zu seinen sich allmählich entwickelnden Hypothesen aufrechtzuhalten. Und doch gelang es ihm in diesem Zeitraum von etwa zehn Jahren, in denen er die gesamte akademische Welt gegen sich aufgebracht hatte, die Grundlage für die analytische Praxis zu entwickeln.

Der erste Fortschritt, der über das hinausging, was auch schon Breuer erreicht hatte, bestand in einer Veränderung und erheblichen Verbesserung der Technik. Freud gab die Hypnose auf und entwickelte stattdessen die Methode der »freien Assoziation«, die bis heute der einzige befriedigende Weg ist, um das Unbewusste zu erforschen, es gleichzeitig den Patienten bewusst zu machen und sie dabei von dessen irrationaler Wirkung zu befreien. Mit diesem neuartigen Ansatz erzielte er rasch weitere Fortschritte in der Erkundung der bis dahin unerforschten Tiefen des Unbewussten.

Vielleicht genügt es, die wichtigsten Phasen der Erforschung des Unbewussten durch Freud hier ganz kurz aufzulisten. Auf die Entdeckung des Ödipuskomplexes und der infantilen Sexualität folgte als nächster Schritt, deren Entwicklung zumindest in ihren Umrissen aufzuzeigen, von ihrer frühen oralen und analen bis hin zur genitalen Form. Als nächstes kam dann seine Entdeckung des Über-Ichs. Dass der Mensch ein moralisches Wesen ist, dessen Freiheit durch ein Gewissen, eine Art inneren und von ihm unterschiedenen Mentors, eingeschränkt ist, war natürlich schon lange bekannt. Neu war Freuds Entdeckung, dass dieses Über-Ich eine viel mächtigere und archaischere Kraft ist als das ›bewusste Gewissen‹, das nur einen kleinen Teil des Über-Ichs ausmacht; neu war auch seine Theorie über dessen Entstehung. Da eine der universellen Funktionen des Über-Ichs darin besteht, die inzestuösen und patrizidalen sowie matrizidalen Impulse des Ödipuskomplexes zu verdrängen, verknüpfte Freud die Entstehung des Über-Ichs mit dem bewussten Verschwinden des Ödipuskomplexes. Wenn diese Impulse bei einem etwa drei- bis fünfjährigen Kind ihren Höhepunkt erreicht haben, werden sie, sicherlich aus Angst vor dem gleichgeschlechtlichen Elternteil, dessen Platz das Kind einnehmen möchte, nicht offen zum Ausdruck gebracht. Und Freud ging davon aus, dass diese Angst vor einer realen äußeren Figur – nicht unbedingt, wie sie tatsächlich war, sondern wie das Kind sie sich vorstellte – in diesem Alter die einzige ontogenetische Kraft war, die diesen Impulsen widerstand. Da diese Impulse dann etwas später vollständig verdrängt sind und durch eine unbewusste Angst vor dem Über-Ich gehemmt werden, folgerte Freud, dass das Über-Ich ein Bild eben dieses gefürchteten und nun ›introjizierten‹ Elternteils war. Wie genau dieser Prozess einer ›psychischen Inkorporation‹ ablief, blieb unklar. Doch war Freud von Anfang an der Auffassung, dass er analog zum oralen Prozess der körperlichen Inkorporation verlief.[4]

Die letzte seiner besonders wichtigen Entdeckungen war die basale Rolle der Aggression im Unbewussten. Dieser »Todestrieb«, wie er ihn nannte, wird zunächst als eine unbestimmte innere Bedrohung des Selbst empfunden, die dann rasch nach außen »projiziert« und als äußere Bedrohung erlebt wird. Und dort lässt sie sich leichter handhaben. Das Ich kann versuchen, ihr zu entkommen oder sie zu zerstören – und in diesem Fall wird es zu seinem eigenen Objekt. Melanie Klein war dann die erste, die von dieser Entdeckung Gebrauch machte, um die archaische Strenge des Über-Ichs zu erklären, das so viel gnadenloser war als selbst die brutalsten Eltern. Wenn das Kind sich dann auf dem Höhepunkt seines Ödipuskomplexes gegen den Elternteil wendet, dessen Stelle es einnehmen möchte, projiziert es seine eigene Aggression auf diesen Elternteil, der in seiner Phantasie zu einem regelrechten Unhold wird, den es dann introjiziert und zu seinem Über-Ich macht.

Inzwischen war Freud längst nicht mehr isoliert, sondern umringt von Kollegen aus einer Vielzahl von Ländern. Einer der brillantesten war Karl Abraham, der, ausgehend von seiner eigenen Beschäftigung mit den schwersten Formen seelischer Erkrankungen und beeinflusst durch Freuds neue Entdeckungen über die Bedeutung der Aggression, bei der

4 Mehr noch, und diese Annahme ist noch viel mehr in Frage zu stellen, ging er davon aus, dass dieser Prozess auf eine phylogenetische Erinnerung an kannibalistische Attacken auf die Urväter zurückzuführen war – eine Theorie, die vielleicht ihrerseits eine Projektion in die Vergangenheit der menschlichen Rasse darstellte und später als eine oral-kannibalistische Phase der frühen Kindheit bezeichnet wurde.

Rekonstruktion der frühesten Entwicklungsstadien noch einen Schritt weiterging. Leider verhinderte sein früher Tod, als er gerade die produktivste Periode seines Lebens erreicht hatte, dass er sein Werk vollenden konnte.

Melanie Klein war seine Schülerin, und Abraham hatte sie ermutigt und unterstützt, als sie begann, die Analyse in der Behandlung von Kindern einzusetzen. Ihre erste Aufgabe bestand in der Entwicklung einer dafür geeigneten Technik. Es hätte wenig Sinn gemacht, Kinder, die noch kaum richtig sprechen können, um verbale »freie Assoziationen« zu bitten. Deshalb stellte sie ihnen Spielzeug zur Verfügung und lud sie ein, damit »frei zu spielen«. Dann »deutete« sie das Spiel ihrer kleinen Patienten, indem sie in Worte fasste, welche Gefühle und Phantasien sie damit vielleicht zum Ausdruck gebracht hatten.

Mit dieser neuen Technik erzielte sie bald bessere therapeutische Resultate, als sie in der Regel bei erwachsenen Patienten zu beobachten waren. Sie war jetzt auch in der Lage, die frühen Entwicklungsstadien aus der Nähe zu beobachten, und konnte sie viel genauer beschreiben, als dies zuvor möglich gewesen war. Abraham erkannte sehr bald die Bedeutung dieser neuen Entwicklung. Beim ersten Kongress der deutschen Psychoanalytiker im Jahr 1924 fasste er Kleins Arbeit über die Behandlung der kleinen Erna zusammen und meinte: »Die Zukunft der Psychoanalyse liegt bei der Spielanalyse« (Klein, 2000[1955][5], S. 4). In den dreißig Jahren, die seither vergangen sind, hat sich seine Vorhersage als zutreffend erwiesen. Die Spieltechnik hat die Analyse nachhaltig beeinflusst.

Es ist nicht leicht, das analytische Bild der seelischen Entwicklung in der Form, wie es durch Melanie Kleins Arbeit erweitert und in manchen Punkten auch modifiziert wurde, so zusammenzufassen, dass man ihm gerecht wird. Es sollte aber nicht irreführend sein, die zwei wesentlichsten Abschnitte kurz zu erwähnen, solange wir uns daran erinnern, dass frühere Entwicklungsstadien mit späteren – aufgrund von »Fixierungen« und »Regression« – koexistieren oder sich abwechseln.

Das erste dieser Stadien ergibt sich aus der unintegrierten und höchst konflikthaften Beziehung des Säuglings zu den lebenswichtigen Objekten seiner Welt, insbesondere zur mütterlichen Brust. Weil diese Brust manch-

5 Klein, M. (1955): Die psychoanalytische Spieltechnik: Ihre Geschichte und Bedeutung. *GSK III*, 229–278.

mal befriedigend und manchmal frustrierend ist und weil das Kind seine Triebimpulse in dieses Objekt projiziert oder glaubt, sie entstammten ihm, wird die Brust manchmal als gut und liebevoll und manchmal als böse und gefährlich empfunden. Und da das Kind sie in der Phantasie »introjiziert« oder inkorporiert, hat es das Gefühl, von abwechselnd beschützenden und verfolgenden Objekten sowohl besessen als auch umgeben zu sein. Die immer in dieser Periode entstehenden Verfolgungsängste verzögern die allmähliche Integration des Ichs, unterbrechen sie oft sogar vorübergehend. Kurz gesagt, ist dieses frühe Stadium zutreffend durch die Bezeichnung charakterisiert, die Melanie Klein dafür geprägt hat: paranoid-schizoide Position.

Das nächste Stadium ergibt sich für das Kind unausweichlich aus der zunehmenden Integration seiner Impulse, sodass es, wenn auch anfangs nur hin und wieder, zu realisieren beginnt, dass die befriedigenden Objekte, die es braucht und liebt, nur andere Aspekte der frustrierenden Objekte sind, die es hasst und in der Phantasie zerstört. Diese Entdeckung führt dazu, dass das Kind sich um seine Objekte sorgt und depressive Gefühle entwickelt. Da diese »depressive Position« sehr schmerzhaft ist, neigt das Kind dazu, entweder zu verleugnen, dass seine zerstörten guten Objekte gut sind oder dass sie verletzt wurden. In anderen Worten neigt es entweder zur Regression in die frühere Verfolgungsposition oder zur Entwicklung einer »manischen Abwehr«, durch die Besorgnis und Schuldgefühle nachdrücklich geleugnet werden. Wenn es aber die depressiven Gefühle aushalten kann, entstehen Wiedergutmachungsimpulse und die Fähigkeit zu einer selbstlosen Besorgnis und beschützenden Liebe. Inwieweit dem Kind diese normale Entwicklung gelingt oder misslingt, entscheidet über seine seelische Stabilität oder Anfälligkeit für seelische Störungen.

An dieser Stelle sollte erwähnt werden, dass nach Kleins Auffassung die beiden großen Entdeckungen Freuds, der Ödipuskomplex und das Über-Ich, in diesen Entwicklungsperioden wurzeln, also viel früher beginnen, als er angenommen hatte.

Dank der mittlerweile gewonnenen Einsicht in diese Positionen und Abwehrmaßnahmen der frühen Entwicklung sind wir in der Lage, sie in jeder analytischen Übertragung immer wieder zu erkennen – das heißt, in den wechselnden Einstellungen eines Patienten zu seinem Analytiker –, wo sie aufgezeigt und demzufolge auch modifiziert werden können. Daher hat das tiefere Verständnis, das wir Melanie Klein verdanken, das Spektrum der angewandten und klinischen Analyse erheblich erweitert. Mehr noch, da ihre Erkenntnisse geholfen haben, einige der noch vor Jahrzehnten für unüberwindbar gehaltenen Grenzen für die analytische Arbeit zu überwinden, können wir hoffen, in Zukunft vielleicht noch weitere, jetzt als unüberwindbar geltende Grenzen zu überwinden.

Einführung zu Kapitel 4

Versuch eines Beitrags zur Theorie des Todestriebs erschien erstmals 1955 am Ende der umfangreichen Aufsatzsammlung *New Directions in Psychoanalysis. The Significance of Infant Conflict in the Pattern of Adult Behavior*, der ersten Publikation des frisch gegründeten Melanie Klein Trusts. Money-Kyrle, einer der Trustees, fungiert zusammen mit Melanie Klein und Paula Heimann als Herausgeber. Fordham (1957) hebt in einer Besprechung dieses Bandes hervor, dass konzeptuelle Differenzen benannt und diskutiert würden. Dabei verweist er insbesondere auf Money-Kyrles Beitrag, dessen Auffassung des Todestriebs von derjenigen Melanie Kleins abweiche und die Unvereinbarkeit des Konzepts mit der allgemeinen Triebtheorie darlege, bei der es vor allem um ein Verhalten geht, das zur Erhaltung der Art beiträgt.

Seit Sigmund Freuds Einführung des Todestriebs in *Jenseits des Lustprinzips* (1920) wird dieser Begriff kontrovers diskutiert. Forderten klinische Phänomene – wie ein oft unüberwindbar erscheinender Wiederholungszwang oder die traumatischen Neurosen – eine adäquate Theoriebildung, so umfasst diese Schrift auch biologische, philosophische und metapsychologische Spekulationen, was zu Erörterungen auf ganz verschiedenen Ebenen führte. Ein zentrales Anliegen war jedoch, destruktiv-aggressives Verhalten konzeptuell so zu fassen, dass es in der klinischen Situation aufgegriffen und untersucht werden konnte (vgl. u.a. Frank 2011, 2015; Weiss 2020). In diesem Sinn fand Melanie Klein Freuds Konzeptualisierung hilfreich – ab 1932 war der Todestrieb zentraler Bestandteil ihrer Theoriebildung. In dem oben erwähnten Sammelband waren ihre Überlegungen beispielsweise für Lois Munro die theoretische Basis für seinen Beitrag über die Spielanalyse eines dreijährigen Jungen. Hanna Segal, die später eine Arbeit explizit dem klinischen Nutzen des Todestriebkonzepts widmen sollte, beschließt in dem besagten Band ihren Artikel *Eine psychoanalytische Betrachtung der Ästhetik* mit der Überlegung, bei einem großen Kunstwerk erfahre der Todestrieb seine höchstmögliche Anerkennung und werde für die Bedürfnisse des Lebenstriebs gezügelt. Das bedeutet, dass die destruktiven Kräfte durch Wiedergutmachungsbestrebungen, die kreative Gestaltungen ermöglichen, begrenzt werden. In der Nachfolge Melanie Kleins werden beispielsweise Herbert Rosenfeld, Michael Feldman, John Steiner oder David Bell dieses Konzept je etwas unterschiedlich weiter elaborieren.

Money-Kyrle sah, wie in unserer Einleitung skizziert, bei der Bedrohung durch das Deutschland Hitlers in der menschlichen Destruktivität eine zentrale Herausforderung. Gegen Freuds dualistische Metapsychologie, Eros und Thanatos, wandte er schon 1932 ein, Freud scheine darunter drei verschiedene Dinge zu verstehen: Tod und Vergehen; Suche nach Reizlosigkeit; einen aggressiven Impuls (S. 72). In *Wie entstehen Kriege? Ein psychologischer Ansatz* (1937) begründet er seine Skepsis gegenüber Freuds Verknüpfung des Ursprungs von Aggression mit einem Todestrieb so, dass dabei seines Erachtens ein völlig eindeutiger aggressiver Impuls »mit einem eher vagen Prinzip verknüpft [werde], das man als ›biologische Elastizität‹ bezeichnen könnte« (2022[1937], S. 49).

In dem vorliegenden *Versuch eines Beitrags zur Theorie des Todestriebs* gelangt er nach anfänglichen allgemeinen Überlegungen zum Triebkonzept zunächst auf Melanie Kleins – über Freud hinausgehende – Annahme, die Todesangst begründe die Verfolgungsangst und damit alle Ängste. Der Einwand Freuds, der auch von anderen geteilt wurde, dass man nicht fürchten könne, was man sich nicht vorstellen könne, verfehle das Wissen um sehr basale Ängste bzw. eine Vernichtungsangst. Interessant ist, was er dazu in einer Fußnote ausführt: »Der Vorstellung unserer eigenen Vernichtung entspricht vielleicht am ehesten die Vorstellung, dass alle unsere guten Objekte, sowohl die inneren als auch die äußeren, zerstört werden könnten, und wir mit nichts anderem als den bösen Objekten zurückbleiben, den Objekten, in denen unsere eigene Destruktivität untergebracht ist.«

Doch die Existenz einer solchen Angst ist für ihn nicht gleichbedeutend mit der Annahme eines Todestriebs. Und er legt im Weiteren dar, was aus biologischer Sicht dagegen spräche. Er kommt schließlich zu dem Schluss, der Todestrieb könne nur als eine »Art von psychischem Korrelat zur Entropie konzipiert werden – etwas, das schon vor den eigentlichen Trieben vorhanden war, die vermutlich entwickelt wurden, um sich ihm zu widersetzen.« Adrian Stokes (1960) findet sich fünf Jahre später darin wieder. Er hatte sich, wie Money Kyrle, in *A Game that Must be Lost* gefragt, ob man psychische Äquivalente nur den systemerhaltenden, nicht aber den störenden Prozessen, denen sie entgegenwirken, zuschreiben solle. Er war zu dem Schluss gekommen, dass beispielsweise die Introjektion von bösen Objekten als Abwehrmechanismus nicht für eine primäre Korrelation bürge. Erst nachdem er das geschrieben hatte, realisierte er, dass Money-Kyrle in *An Inconclusive Contribution to the Theory of the Death Instinct* zu der – ihn überzeugenden – oben zitierten Einschätzung gelangt war.

Money-Kyrle erwähnt ein Jahr später in *Psycho-Analysis and Philosophy* erneut seine Zweifel am Freud'schen Todestriebkonzept, fügt aber hinzu, er glaube an angeborene destruktive Impulse. Tief im Unbewussten sei die letzte Quelle der Angst unsere eigene Aggression, insbesondere die aggressive Gier, die uns jedoch entweder von innen oder von außen wie eine fremde Macht zu bedrohen scheine. Ebenfalls 1956 scheint er den Begriff dann doch für diese geschilderte Dynamik zu übernehmen, wenn es ihm in *Normale Gegenübertragung und mögliche Abweichungen* darum geht, dass wir als Analytiker alle ein Bedürfnis haben, »unsere elterlichen und Wiedergutmachungstriebe zu befriedigen, um dem Todestrieb entgegenzuwirken« (2022[1956], S. 31), was aber nur sehr eingeschränkt umzusetzen sei.

1961 schließlich hebt er in *Man's Picture of His World* auf eine übergreifende Struktur [*superstructure*] der analytischen Theorie ab, die auf dem Konzept eines fast immerwährenden unbewussten Konflikts zwischen Hass und Liebe beruhe. Eine Mindestanforderung an diese übergreifende Struktur sei, die Stärke und Allgegenwart des unbewussten Hasses (einschließlich des Selbsthasses) nicht zu verharmlosen oder zu leugnen (S. 41). Er führt durchaus auch weiterhin biologische Argumente ins Feld, aber die Gewichtung scheint sich in Richtung einer Betonung des basalen Konflikts verschoben zu haben.

Claudia Frank

Literatur

Bell, D. L. (2015): The Death Drive: Phenomenological Perspectives in Contemporary Kleinian Theory. In: International Journal of Psychoanalysis 96, 411–423.

Feldman M (2000): Some views on the manifestation of the death instinct in clinical work. In: Int J Psychoanal 81, 53–65.

Fordham, M. (1957:) New Directions in Psycho-Analysis, edited by M. Klein, P. Heimann, R. Money-Kyrle. London, Tavistock Publications; New York, Basic Books, 1956. pp. 534. 38s. In: Journal of Analytical Psychology 2, 195–200.

Frank, C. (2011): Zum Ringen mit Manifestationen des Todestriebs – theoretische und klinische Aspekte. In: Jahrbuch der Psychoanalyse 62, 75–96.

Frank, C. (2015): On the Reception of the Concept of the Death Drive in Germany: Expressing and Resisting an ›Evil Principle‹? In: International Journal of Psychoanalysis 96, 425–444.

Money-Kyrle, R. (1932): The Development of the Sexual Impulses. London: Kegan Paul.

Money-Kyrle, R. (2022[1937]): Wie entstehen Kriege? Ein psychologischer Ansatz. In: Ders.: Die Psychologie von Krieg und Propaganda. Ausgewählte Schriften Band I, hg. v. H. Weiß und C. Frank, 39–64.

Money-Kyrle, R. (1978[1956]): Psycho-Analysis and Philosophy. In: The Collected Papers of Roger Money-Kyrle, hg. v. D. Meltzer und E. O'Shaughnessy. StrathTay [Perthshire, Scotland]: Clunie Press. 297–317.

Money-Kyrle, R. (2022[1956]): Normale Gegenübertragung und mögliche Abweichungen. In: Ders.: Klinische Beiträge. Ausgewählte Schriften Band II, hg. v. C. Frank und H. Weiß, 27–43.

Money-Kyrle (1961): Man's Picture of his World. London: Duckworth.

Munro, L. (1954): Steps in Ego-Integration Observed in a Play-Analysis. In: International Journal of Psychoanalysis 35, 202–205.

Rosenfeld, H. (1971): Beitrag zur psychoanalytischen Theorie des Lebens- und Todestriebes aus klinischer Sicht: Eine Untersuchung der aggressiven Aspekte des Narzißmus. In: Psyche – Zeitschrift für Psychoanalyse 25, 476–492.

Segal, H. (1992[1952,1955]): Eine psychoanalytische Betrachtung der Ästhetik. In: Wahnvorstellung und künstlerische Kreativität. Stuttgart: Klett-Cotta. 233–259.

Segal, H. (2002[1993]): Über den klinischen Nutzen des Todestriebkonzepts. In: Jahrbuch der Psychoanalyse 44, 105–119.

Stokes, A. (1960): A Game that Must be Lost. In: International Journal of Psychoanalysis 41, 70–76.

Weiss, H. (2020): A river with several different tributary streams: Reflections on the repetition compulsion. In: International Journal of Psychoanalysis 101, 1172–1187.

Kapitel 4

Versuch eines Beitrags zur Theorie des Todestriebs[1]

Bevor ich zu meinem Hauptthema, dem Todestrieb, komme, sind vielleicht ein paar allgemeine Bemerkungen über das Triebkonzept angebracht.

Wenn wir als außenstehende Beobachter das Verhalten irgendeines Tieres untersuchen, stellen wir fest, dass es bestimmte Dispositionen hat, in bestimmten Situationen auf eine bestimmte Art und Weise zu reagieren.[2] Wir sagen, diese Dispositionen seien zum Teil angeboren und zum Teil erworben, stehen dann aber vor einem Problem, wenn wir zu sagen versuchen, um welchen Teil es jeweils geht. Zumindest bei den höheren Spezies, und insbesondere beim Menschen, ist jedes Verhaltensmuster ein Produkt aus Vererbung und Umwelt. Wir wissen, dass es dabei nicht um separate Gebilde geht wie beispielsweise beim Fundament und den Obergeschossen eines Gebäudes, aber oft tun wir, als wäre dem so, und landen dann bei so irreführenden Dichotomien wie der Frage, was von Geburt an gegeben war und was sich später entwickelt hat, oder der Frage, was sich in einer ›normalen‹ Umgebung entwickelt und was in einer anormalen Umgebung davon abweicht. Vielleicht kommen wir der implizierten Unterscheidung näher, wenn wir das Angeborene als ein Spektrum der Möglichkeiten betrachten und das Erworbene als eine Aktualisierung dieser Möglichkeiten, eine Aktualisierung, die unter dem Einfluss einer bestimmten Umgebung zustande gekommen ist. Das heißt beispielsweise, wir haben den Trieb, uns zu ernähren, und wir erwerben spezifische Essgewohnheiten.

Das in den Trieben enthaltene Spektrum an Möglichkeiten hat sich im Verlauf der Evolution erweitert. Bei niedrigeren Lebensformen sind die

1 Aus: *New Directions in Psycho-Analysis*. London (Tavistock), 1955.

2 Der Begriff ›Situation‹ beinhaltet hier sowohl einen inneren Reiz zu einem Appetenzverhalten als auch ein Muster, das von außen kommt und ein konsumierendes Verhalten auslöst.

Triebe relativ stereotyp, während sie bei höheren Tierarten viel plastischer sind und auch über Mechanismen verfügen, entsprechend der individuell gemachten Erfahrungen modifiziert zu werden. Sowohl die stereotypen als auch die plastischen Dispositionen könnten anhand konditioneller Aussagen beschrieben werden wie beispielsweise: Wenn a, dann A, dann, wenn b dann B, usw., wobei a und b Reizmuster sind – sowohl innere als auch äußere – und A und B Reaktionsmuster. Aber im Fall der höheren plastischen Triebformen müsste dann einbezogen werden, wie diese Muster zunehmend durch ihre Ergebnisse modifiziert werden. Anders gesagt, die vollständige Beschreibung höherer plastischer Triebformen hätte – wegen der in jeder nur vorstellbaren Umgebung zunehmenden alternativen Entwicklungsmöglichkeiten – die Form einer Pyramide aus konditionellen Aussagen. Die tatsächliche Entwicklung in einer tatsächlichen Umgebung wäre dann durch eine von der Spitze bis zur Basis verlaufende Linie darzustellen. Beim Menschen sind die Triebe besonders plastisch und dementsprechend müsste die Pyramide, die man zu ihrer Beschreibung bräuchte, entsprechend breit gezeichnet werden. Die Biologie ist über eine grobe und unsichere Klassifikation der in unserer Spezies auftretenden wichtigsten Formen nicht hinausgelangt. Zukünftige Untersuchungen könnten auch weitere individuelle und je nach ethnischer Zugehörigkeit angeborene Unterschiede aufzeigen – da anzunehmen ist, dass wir uns voneinander nicht nur in unseren triebhaften Funktionspotenzialen, in denen die Details unserer zerebralen Struktur zum Ausdruck kommen, sondern auch in unserer leichter zu beobachtenden äußeren Struktur unterscheiden.

Bis jetzt haben wir die Triebe von einem äußeren biologischen Standpunkt aus betrachtet, also behavioristisch. Aber als Psychologen geht es uns nicht nur um das Verhalten. Genaugenommen geht es uns nur deshalb um Verhalten, weil wir es benutzen, um auf eine innere Verfassung schließen zu können, die zu untersuchen und zu beschreiben unsere Aufgabe ist. Wir stellen uns vor, diese inneren Zustände durch einen Prozess der kontrollierten Identifizierung vor uns zu haben, weil wir dann das, was ich als Dispositionen bezeichnet habe, abstrahieren können. Wir möchten aber über die Verhaltensfaktoren hinaus zu den ihnen zugrunde liegenden Tendenzen gelangen, die darüber bestimmen, wie wir entweder bewusst oder unbewusst in bestimmten ›Wahrnehmungssituationen‹ denken und fühlen.[3] Oder anders gesagt, geht es um die Reaktionen, die in der Phantasie entstehen, einem Verhalten vorausgehen und es vielleicht auslösen.[4] Auf diesem Gebiet hat die von Freud erfundene analytische Technik eine immer reichere Ernte erbracht. Er und seine Nachfolger haben eine Reihe von angeborenen Phantasiemustern aufgelistet und beschrieben, wie diese sich wahrscheinlich unter dem Einfluss unterschiedlicher Umgebungsbedingungen entwickeln. Die psychoanalytische Untersuchung dieser Phantasiemuster ist die Untersuchung der menschlichen Triebe.

Ein unerwartetes Ergebnis dieser Untersuchung war, dass alte Klassifizierungen einer Reihe von unterscheidbaren Trieben nicht aufrechtzuerhalten waren. Nicht nur stellte sich heraus, dass in scheinbar homogenen Triebäußerungen eine Reihe von Phantasieversatzstücken zum Ausdruck kam, sondern auch, dass die ursprünglichen Phantasien, die im Verlauf ihrer Entwicklung in einer extrem komplexen Art und Weise aufgeteilt und neu zusammengestellt wurden, dann in einer Reihe anscheinend unverbundener Triebäußerungen zum Ausdruck kamen. Aber schon von Anfang an sah Freud, dass Konflikte ein grundlegendes Merkmal der inneren Phantasiewelt waren, sodass er annahm, dass alle Triebe in zumindest zwei Hauptgruppen aufzuteilen waren. Die Klassifikation in Lebens- und Todestriebe, die er schließlich entwickelte, ist immer noch höchst umstritten. Aber dabei handelt es sich nicht einfach um eine von der Praxis losgelöste Metapsychologie,[5] weil die jeweils von uns vertretene Auffassung großen Einfluss auf die Theorie und Technik unserer klinischen Arbeit

3 Der Begriff »Wahrnehmungssituation« beinhaltet sowohl die bewusste oder unbewusste Wahrnehmung eines inneren Bedürfnisses, beispielsweise Hunger, als auch die Wahrnehmung eines Musters aus äußeren Objekten. Er bezeichnet das psychologische Äquivalent zu der in der vorigen Fußnote angeführten biologischen Definition einer »Situation«.

4 Was der Psychologe untersucht, sind genaugenommen die psychischen Korrelate jener zerebralen Prozesse, die der Biologe zwar nicht beobachten kann, von denen er aber annimmt, dass sie die »Auswirkung« von Reizmustern und die »Ursache« eines Verhaltens sind.

5 Vielleicht könnte man zutreffender sagen, dass die metapsychologischen und die empirischen Aspekte der Theorie im analytischen Denken so ineinander verwoben sind, dass es schwierig geworden ist, zwischen diesen Aspekten zu unterscheiden.

hat. Und deshalb beschäftigen wir uns vor allem mit Angst, da deren Entstehung möglicherweise durch die Todestriebtheorie erklärt werden könnte.

Während viele Analytiker Freud in dieser Theorie nicht folgen und sie nicht akzeptieren können, geht Melanie Klein noch weiter als Freud. Nicht nur akzeptiert sie das Konzept des Todestriebs, vielmehr sieht sie in der Todesangst sogar die Ursache der Verfolgungs- und damit aller Ängste. Sowohl Freud als auch Ernest Jones hatten gegen diese Sicht bereits eingewandt, dass man etwas, das man sich nicht vorstellen kann, nicht fürchten könne, und dass es psychologisch unmöglich sei, von etwas so Negativem wie dem Nichtsein eine positive Vorstellung zu haben. Mich hatte dieses Argument immer sehr beeindruckt, da es meinem eigenen erkenntnistheoretischen Ansatz entsprach, aber mittlerweile kommt es mir vor wie Haarspalterei; auch wenn wir uns nicht vorstellen können, wie es ist, tot zu sein, so können wir doch sicher eine Idee vom Sterben entwickeln und uns davor fürchten.

Nun unterscheidet sich Freuds Theorie eines Todestriebs konzeptuell von Melanie Kleins Auffassung, dass es darüber hinaus eine basale Todesangst gibt. Die erste Theorie postuliert einen primären Todeswunsch; die zweite den primären Impuls, sich vor dem Tod zu fürchten und ihm entgehen zu wollen. Es gibt *a priori* keinen Grund, warum nicht beides gelten sollte; die Konzepte widersprechen sich zwar, schließen sich aber unter logischen Gesichtspunkten nicht aus – es könnte sogar sein, dass der erste Impuls den zweiten stimuliert. Aber sie schließen einander auch nicht notwendigerweise ein. Wir könnten sie jetzt nacheinander betrachten, und ich beginne mit dem zweiten.

Das alte analytische Argument gegen die Existenz einer basalen Todesangst beruht implizit, wenn auch nicht explizit, auf der Entdeckung, dass sich oft hinter einer Angst, die bewusst für Todesangst gehalten wird, andere unbewusste Ängste verbergen, wie zum Beispiel die Kastrationsangst. Aber mittlerweile herrscht doch weitgehend Übereinstimmung, dass es Ängste gibt, die tiefer reichen als die Angst vor Kastration oder Liebesverlust (Freud), oder sogar die Angst vor dem Verlust der Fähigkeit, Lust zu empfinden (Aphanisis, Ernest Jones). Zum Beispiel gibt es die Angst vor Desintegration.[6] Man kann vielleicht nicht davon ausgehen – geschweige denn die Zweifler überzeugen –, dass in diesen Angstanfällen

6 Man könnte die Angst vor Desintegration vielleicht mit Freuds Konzept der traumatischen Angst vergleichen.

eine Todesangst zum Ausdruck kommt. Aber es gibt noch andere, eher allgemeine Hinweise, denen man vielleicht leichter folgen kann. Wenn es keine Todesangst gibt, warum beschäftigen sich dann fast alle Religionen mit Unsterblichkeit? Warum sind wir so ambitioniert und leidenschaftlich darum bemüht, dass etwas von uns bleibt, ein Kunstwerk, ein wissenschaftlicher Beitrag, ein Unternehmen oder einfach nur unser guter Name, etwas, das akzeptiert wird und uns überlebt? Warum brauchen wir, nicht nur zu unserer eigenen Freude, sondern auch für unseren Seelenfrieden, Kinder, die wiederum für Enkelkinder sorgen, usw.? Kurz, warum streben wir nach Unsterblichkeit – oder wenigstens nach etwas, das für Unsterblichkeit steht? Oder wie könnten wir diese Augenblicke tiefer Mutlosigkeit, denen niemand ganz und gar entgeht, besser beschreiben als das Gefühl, dass es keine Freude bereitet, gegen einen Feind zu kämpfen, der uns letztendlich besiegen wird – keine Lebensfreude, wenn der Tod oder die Zerstörung ganz sicher uns und alle unsere Werke einholen wird, all diese unsere Erzeugnisse, die wir zu bewahren versuchen?[7] Und warum haben Biologen so viel Wert auf einen Selbsterhaltungstrieb gelegt, wenn nichts damit zu holen ist? Vielleicht sind wir nicht in der Lage, uns unsere eigene Vernichtung vorzustellen, aber genau wie andere Tiere auch sind wir sicher dazu prädestiniert, uns vor Vernichtung zu fürchten.[8] Wenn es uns nicht gäbe, wäre unsere Art schon lange ausgestorben und wir hätten

7 Wir empfinden diese Momente als Feigheit, als Antithese jenes Mutes, der sogar Befriedigung darin findet, sich für hoffnungslose Fälle einzusetzen. Das ist das Thema von Bertrand Russells Essay »A Free Man's Worship« (in *The Meaning of Life*, hg. von E.D Klemke und Steven Cahn. Oxford [Oxford University Press], 2008): Die Menschen sollten Freude daran haben, sich für das einzusetzen, was ihnen wertvoll ist, ohne auf den Trost von Mythen angewiesen zu sein, in denen die ultimative Zerstörung der Welt verleugnet wird.

8 Der Vorstellung unserer eigenen Vernichtung entspricht vielleicht am ehesten die Vorstellung, dass alle unsere guten Objekte, sowohl die inneren als auch die äußeren, zerstört werden könnten, und wir mit nichts anderem als den bösen Objekten zurückbleiben, den Objekten, in denen unsere eigene Destruktivität untergebracht ist. Aber das ist deshalb so bedrohlich, weil diese bösen Impulse uns selbst zu zerstören drohen. Letztlich wäre dann das Objekt unserer Angst, wenn es nicht die Angst ist, ein Nichts zu sein, zumindest die Vorstellung des schmerzhaften Prozesses, auf diesen Zustand reduziert zu werden – wenn nicht den Tod, dann das Sterben.

nicht existiert. Tatsächlich ist es nur eine Tautologie, festzuhalten, dass die einzigen Triebe, die sich durch Selektion entwickeln können, so beschaffen sind, dass sie das Überleben der Nachkommen sichern, die diese Triebe einmal erben. Demnach muss der Selbsterhaltungstrieb und damit das Bedürfnis, Nachkommen hervorzubringen, ein basaler Trieb sein; und der Instinkt, sie zu beschützen, notfalls sogar vor uns selbst, muss daraus hervorgehen, um die Überlebenschancen der Spezies zu verbessern. Oder anders formuliert, all die Bestrebungen, die unser Leben ausfüllen, sind Ausdruck eines nie endenden Kampfes gegen den Tod.

Aber es ist immer noch ein weiter Weg von der Akzeptanz der Todesangst – oder zumindest der Angst vor Situationen, die zum Tod führen könnten – als einem basalen Trieb bis zur Akzeptanz von Freuds Todestriebtheorie. Tatsächlich scheinen auf den ersten Blick gerade die Argumente, die für die erste Variante sprechen, der anderen zu widersprechen. Da Triebe, um mit Darwin zu sprechen, sich durch die Selektion derjenigen Mutationen entwickeln, die dem Überleben der Nachkommenschaft zugutekommen und damit der Eltern, die sie hervorbringen, ist zu überlegen, wie wir uns die Entwicklung eines selbstzerstörerischen Triebes durch Selektion eigentlich vorstellen können. Wenn man von Darwins Triebkonzept ausgeht, muss man sich diese Frage bei diesem Argument natürlich stellen. Aber Darwins Konzept, das gewiss für alles gilt, was Freud die Lebenstriebe nannte, war in der Biologie außerordentlich erfolgreich, und deshalb ist es sicher als allgemeines Erklärungsprinzip nicht so leicht zu übergehen. Deshalb müssen wir, bevor wir den Todestrieb akzeptieren – und damit die Existenz eines Triebes mit dem Ziel der Selbstzerstörung, also eines Triebes, der nicht durch natürliche Auslese zur Sicherung des Überlebens entstanden sein kann – so gut wie möglich herauszufinden versuchen, wie analytische Beobachtungen ohne ihn zu erklären wären.

Die folgende Theorie reicht meines Erachtens ein Stück weit aus, um die meisten dieser Beobachtungen in Übereinstimmung mit Darwins Überlegungen zu erklären, ohne einen Todestrieb annehmen zu müssen. Aber ich werde auch zu zeigen versuchen, dass sie nicht ganz ausreicht.

Für jeden Organismus hat ein anderer Organismus im Grunde genommen drei mögliche Bedeutungen. Er ist etwas, das man essen (oder ablehnen)[9] kann, etwas, von dem man gefressen werden kann, oder etwas, mit dem man sich vereinen (oder wiedervereinen) kann. Die Vorstellung ist durchaus verlockend, dass die entsprechenden Impulse – im ersten Fall, ihn aggressiv zu begehren und zu verzehren, im zweiten, ihn zu fürchten und zu vermeiden, und im dritten Fall, ihn zu lieben und zu bewahren, wenn man sich mit ihm vereinigt – sich sowohl phylogenetisch als auch ontogenetisch in dieser Reihenfolge auseinanderentwickelt haben könnten. Nach der Todestriebtheorie wäre die Aggression beim ersten dieser Impulse gewissermaßen von einem ursprünglich selbstzerstörerischen Ziel abgelenkt und in den Dienst der Lebenstriebe gestellt worden. Aber man könnte auch für einen Moment die gegenteilige Hypothese (Darwin) erwägen, nämlich dass die Aggression ursprünglich als angemessene Reaktion auf einen drohenden Hungertod entstand. Man könnte weiter davon ausgehen, dass eine aggressive und auf die Außenwelt gerichtete Gier unter dem Einfluss des Hungers der primäre Impuls war, und wir könnten uns dann versuchsweise vorstellen, wie sich der nächste Impuls – andere, als gefährlich erlebte Organismen zu fürchten und zu vermeiden – daraus entwickelt haben könnte. Wenn die Natur etwas Neues entwickelt, geht sie in der Regel von dem aus, was bereits vorhanden ist. Dann wäre es nicht unwahrscheinlich, dass die Fähigkeit eines Organismus, die ihm von potenziellen Feinden drohende Gefahr zu ›erkennen‹, sich aus der Tendenz entwickelt, die eigene Aggression in sie zu projizieren. Wir wissen aus Analysen und insbesondere aus Melanie Kleins Arbeit mit Kindern, dass Verfolgungsängste auf diese Weise entstehen oder zumindest verstärkt werden. Und solche Details aus analytischen Beobachtungen legen die Hypothese nahe, dass der paranoide Mechanismus – der in unserem Leben eine so zentrale Rolle spielt und den wir dann besonders klar erkennen, wenn er sehr ausgeprägt ist – der angeborene Mechanismus sein könnte, durch den ein der Selbsterhaltung dienendes Verhalten angesichts äußerer Bedrohungen erreicht wird, zumindest in den höheren, vielleicht sogar in jeder Spezies. Dann wäre die Todesangst in dieser spezifischen Form nicht die Angst vor

9 Der Impuls, etwas Unangenehmes oder Abstoßendes abzulehnen oder zu verwerfen, ist gewissermaßen ein weiterer Faden, der in das Gewebe einer vollständigen Darstellung der Entwicklung von Objektbeziehungen hineingewoben werden müsste. Aber der Einfachheit halber gehe ich darauf hier nicht ein.

einem Todestrieb, der sich ursprünglich gegen den Organismus selbst richtete, sondern die Angst vor einer projizierten Aggression, die ursprünglich im Interesse der Selbsterhaltung entstand.

Nun zum dritten Stadium, der Entwicklung des sexuellen Impulses, sich zu vereinen und zu reproduzieren: Während wir ihn verspüren, können wir – außer der Identifizierung und beschützenden Liebe – auch noch eine nicht allzu stabile Fusion zwischen einem sadistischen Bemächtigungsimpuls und einem masochistischen Unterwerfungsimpuls erkennen.[10] Jeder der Partner ist gewissermaßen sowohl derjenige, der frisst, als auch derjenige, der gefressen wird, doch bleiben beide davon verschont, tatsächlich beschädigt zu werden. Und aus gutem Grund könnten wir auch davon ausgehen, dass die Sicherheit jedes Partners irgendwie durch eine teilweise Wendung der Aggression nach innen gegen das aggressive Selbst erreicht wird, da auch dies mit analytischen Beobachtungen übereinstimmt. Und auch hier könnten wir schließen, dass die Tendenz zu dieser Wendung sich entwickelt hat, um den Partner – und später die Nachkommen und alles, womit wir uns identifizieren – vor etwas ursprünglich Räuberischem in uns zu schützen, das sich daran machen würde, sich die ganze Welt einzuverleiben, wenn es nicht durch einen derartigen Mechanismus eingedämmt wäre. Dies klingt plausibel genug. Würden wir es akzeptieren, hätten wir eine Hypothese, nach der die Notwendigkeit einer Todestriebtheorie zumindest nicht mehr so groß wäre. Denn die Annahme einer ursprünglich zur Sicherung unseres eigenen Überlebens entwickelten Aggression, die dann zum Teil nach innen gewendet wurde, um das Überleben derjenigen zu sichern, mit denen wir uns identifizieren und die wir lieben, wäre dann ausreichend, um zumindest einige der selbstzerstörerischen Impulse zu erklären, denen wir begegnen.

Ein Mechanismus dieser Art scheint bei jeder Spezies, die sich geschlechtlich vermehrt, notwendig zu sein, und könnte sich zum Schutz der Nachkommenschaft weiterentwickelt haben. Er könnte sogar – auch

10 Die übliche Auffassung, dass Sadismus männlich und Masochismus weiblich ist, könnte durch die Überlegung eingeschränkt werden, dass dies lediglich für die phallische Komponente gilt. Die Zuordnung der aktiven und der passiven Aspekte der oralen Komponente lautet tendenziell umgekehrt, da die aktive orale Komponente in der weiblichen Genitalität deutlicher ist.

wenn ich damit von meinem Hauptthema abweiche – bei jeder Spezies für ein Optimum an Langlebigkeit gesorgt haben. Bei Bakterien und Insekten sowie allen Lebensformen, die bei Umweltveränderungen für ihr Überleben vor allem auf vorteilhaftere Mutationen ihres Keimplasmas in den nachfolgenden Generationen angewiesen sind und nicht auf somatische Anpassung, ist die individuelle Lebensspanne relativ kurz. Bei Lebewesen, die stärker auf Wissenserwerb und die Weitergabe dieses Wissens an jüngere Mitglieder ihrer Spezies angewiesen sind, ist die Lebensspanne dagegen relativ lang. Wir müssen annehmen, dass der Grund dafür ein in jeder Spezies durch Selektion erworbenes Optimum an Langlebigkeit ist. Wir können noch einen Schritt weitergehen und annehmen, dass die Lebensspanne in unserer eigenen Spezies durch ein neurologisch determiniertes Nachlassen unserer Fähigkeit begrenzt ist, Wissen zu erwerben und zu speichern, und dass wir dazu disponiert sind, zu sterben, wenn diese Fähigkeit erschöpft worden ist und wir für unsere Mitmenschen eher zu einer Last geworden sind und keine Bereicherung mehr darstellen. Eine angeborene Tendenz, die Sorge um unseren Nachwuchs schrittweise auf diejenigen unter unseren Nachkommen zu übertragen, mit denen wir uns identifizieren, könnte das Überleben unserer Spezies in zweifacher Hinsicht gefördert haben: positiv, indem die Alten für die Jungen sorgen, und negativ, indem den Alten geholfen wird, sich mit ihrem Ausscheiden abzufinden, statt sich weiter auf einen schädlichen Wettbewerb einzulassen.

Es spricht also viel für eine phylogenetische Hypothese, die die Angst vor Objekten auf die Projektion einer aggressiven Gier zurückführt und die Selbstzerstörung auf die Notwendigkeit, diese Gier von den Liebesobjekten abzulenken, also von den Objekten, die sowohl von den ›guten‹ Selbstanteilen begehrt als auch projektiv mit ihnen identifiziert werden. Ontogenetisch kennen wir diese Form einer invertierten Aggressivität. Aber meines Erachtens können wir auch eine primäre Bedrohung des Selbst erkennen, die unmittelbar aus dem Selbst stammt und nicht von etwas anderem abgeleitet ist. Und tatsächlich ist diese offenkundige Beobachtung die analytische Grundlage der Todestriebtheorie, eine Beobachtung, die auch noch irgendwie anders zu erklären sein muss, bevor diese Theorie als empirisch redundant verworfen werden kann. Vielleicht genügt es schon, sich daran zu erinnern, dass die Unterscheidung zwischen Selbst und Objekt ontogenetisch nur allmählich zustande kommt. Es ist eine philosophische Binsenweisheit, dass wir nie, jedenfalls nicht direkt und unmittelbar, erfassen können, was jenseits unserer Empfindungen und Vorstellungen ist. Deshalb ist die dualistische Konzeption von Selbst und Außenwelt Ausdruck einer ziemlich künstlichen und keineswegs konstanten Unterscheidung zwischen den Empfindungen und Vorstellungen, die nach unserer Definition uns selbst ausmachen, sowie denen, die nach unserer Definition die Außenwelt konstituieren. Bei einem Neugeborenen ist diese Unterscheidung nur rudimentär oder gar nicht vorhanden; deshalb spielen sich die Angst zu verhungern, aggressive Gier und die Angst vor aggressiver Gier in ihrer projizierten Form zwischen Gebilden ab, die noch nicht in Selbst und Außenwelt unterteilt sind. Auf diese Weise könnte es, wie mir scheint, sehr wohl zu dem Gefühl einer aus dem eigenen Inneren stammenden Bedrohung kommen, wie wir sie bei Säuglingen vermuten, einer Bedrohung, die vielleicht erneut auftritt, wann immer die Grenzen zwischen Selbst und Außenwelt von Neuem unsicher geworden sind.

Auf den ersten Blick wäre aus diesen Überlegungen zu folgern, dass die Todestriebtheorie nicht gebraucht wird, um die beobachteten Fakten zu erklären. Aber bevor man diese Theorie verwirft, müssen noch weitere allgemeinere Argumente, von denen sie gestützt wird, untersucht werden. Wie wir wissen, begründete Freud sie nicht nur mit der analytischen Untersuchung des Masochismus und des Wiederholungszwangs, sondern auch mit umfassenden philosophischen Betrachtungen, die vielleicht nicht dem gesamten Universum, aber doch dem Leben insgesamt galten. Auch wenn wir uns daran gewöhnt haben, seine Philosophie als eine Art Überbau zu betrachten, die seine Entdeckungen erklären sollte, so verdient sie es vielleicht doch, ernsthaft für sich genommen betrachtet zu werden.

In dieser Philosophie oder ›Metapsychologie‹ leitete er die menschliche Destruktivität aus der konservativen Natur der Organismen ab, die gegen die Kräfte gerichtet ist, denen sie ihre Existenz verdanken. Wenn es nicht zu phantasievoll ist, dieses Konzept einer konservativen Natur mit dem Stoffwechsel in der Biologie und der Entropie[11] in der Physik zu verknüpfen, dann könnte Freuds Metapsychologie des Todestriebs vielleicht umformuliert werden.

11 Vielleicht könnte die Entropie als eine Art »ausgleichendes« Prinzip in der Natur definiert worden.

Wenn wir noch einmal zu dem behavioristischen Standpunkt zurückkehren und den Begriff Verhalten in seiner umfassenden Bedeutung benutzen, haben wir einen basalen Konflikt unterschiedlicher Kräfte vor uns. Der Organismus wird sowohl von innen als auch von außen durch destruktive Kräfte bedroht – das heißt, sowohl durch katabolische Prozesse als auch durch äußere Feinde. Auf diese reagiert er in einer Art und Weise, die der Aufrechterhaltung seiner Integrität als einem System dienen soll. Und wir könnten hinzufügen, dass dieses System, im Sinne einer weiteren Vorsichtsmaßnahme, dazu tendiert, sich zu vermehren. Um zu erklären, warum dies so ist, müssen aus physikalischer Sicht keine neuen Gesetze eingeführt werden. Wenn der Zufall irgendwann ein umgrenztes System von Molekülen hervorgebracht hat, das sich in einer begrenzten Umgebung selbst reproduziert hat, dann würden Wettbewerb und Selektion automatisch dafür sorgen, dass sich immer wettbewerbsfähigere Systeme entwickeln, die in der Lage sind, sich in einer immer größeren Vielfalt möglicher Umgebungen zu erhalten. Wenn man demnach davon ausgeht, dass es Organismen gibt, die sich in einer begrenzten Umgebung reproduzieren, dann könnte man schon aus logischen Gründen erwarten, dass der biologische Teil des Universums der Entropie des Ganzen zuwiderläuft.[12]

Aus psychologischer Sicht schreiben wir zumindest den höher entwickelten Systemen in diesem kleinen Ausschnitt etwas zu, was wir dem anorganischen Teil der Natur nicht zubilligen, nämlich ein Bewusstsein und einen Lebenswillen; das wäre dann wohl das psychische Korrelat zu den Kräften, die sie als organische Systeme aufrechterhalten. Den Lebenswillen kennen wir von uns selbst, und wir zögern auch nicht, ihn in das Bild, das wir von unseren Mitmenschen haben, zu projizieren, und auch in andere Tiere, so weit sie sich so ähnlich verhalten wie wir. Aber auf wel-

12 Vielleicht bestand Darwins wichtigster wissenschaftlicher Beitrag nicht in der empirischen Entdeckung der Evolution, sondern in einem Stück puren deduktiven Schlussfolgerns: Wenn man von den bekannten Fakten der Varianten der Vererbung in einer begrenzten Umgebung ausgeht, dann muss es schon logisch zu einer Evolution kommen. Ob allein diese Fakten ausreichen, um das Tempo der tatsächlich eingetretenen Evolution zu erklären oder ob man auch die Vererbung erworbener Merkmale einbeziehen muss, ist dagegen eine empirische Frage, die Darwin hinterlassen hat und auf die es immer noch keine sichere Antwort gibt.

cher Ebene der organischen Hierarchie wäre dann die Grenze zu ziehen? Und sollten wir die psychischen Äquivalente nur den systemerhaltenden Prozessen zuschreiben und nicht auch den disruptiven Prozessen, denen sie sich widersetzen?

Soweit wir mit unserer Psyche vertraut sind, gehen wir davon aus, dass sie von der Integrität des besonderen und hochkomplexen Systems unserer Gehirne abhängig ist. Und da unsere Gehirne sich, wie andere Organe auch, vermutlich entwickelt haben, um das Leben ihrer Besitzer zu erhalten und zu vervielfältigen, fällt es nicht leicht, einen primär selbstdestruktiven Impuls mit neuronalen Prozessen in einer entwickelten zerebralen Struktur in Verbindung zu bringen.[13] Aus diesen Gründen sind die Körper-Seele-Korrelationen, von denen wir im wissenschaftlichen Denken ausgehen, tendenziell einerseits auf Organismen beschränkt, die über ein Gehirn verfügen, und andererseits auf psychische Prozesse, die mit der Erhaltung des Selbst und der Spezies korrelieren. Aber die Grenzen, die wir damit dem spontanen Animismus des vorwissenschaftlichen Denkens auferlegen, wirken zunehmend künstlich, sobald wir uns daran erinnern, dass in der Evolution nicht wahrnehmbare Verbindungen das komplexe neuronale Gehirnsystem mit viel einfacheren Mustern des reaktiven Gewebes verknüpfen. Es gibt offensichtlich keinen Ort, an dem sich eine Grenze ziehen lässt, unterhalb derer die Psyche verschwindet und es nur noch Materie gibt. Das heißt doch, dass all die alten animistischen Weltbilder, die die Wissenschaft so stolz hinter sich gelassen hat, sich vielleicht nur in einem Punkt geirrt haben, nämlich, als sie einfachen Systemen komplexe mentale Prozesse zugeschrieben haben; vielleicht sollten wir darauf gefasst sein, Leibniz zu folgen, der selbst den einfachsten Systemen so etwas wie *petites perceptions* zugeschrieben hat. Vielleicht sind wir dabei weniger zögerlich, wenn wir uns daran erinnern, dass die mentale Welt, mit der allein wir vertraut sind und in die unsere Wahrnehmungen der äußeren Welt

13 Nikolaas Tinbergen definiert in seinem Buch *The Study of Instinct* (Oxford, 1951; dt. *Instinktlehre*, [Berlin, 1979]) einen Instinkt als einen hierarchisch organisierten nervösen Mechanismus, der empfindlich auf bestimmte initiale, auslösende und steuernde Impulse reagiert, die sowohl aus inneren als auch aus äußeren Quellen stammen, und auf diese Impulse mit koordinierten Bewegungen reagiert, die zur Erhaltung des Individuums und der Spezies beitragen (meine Hervorhebung).

eingehen, in gewisser Weise ›wirklicher‹ ist als die äußere physikalische Welt, in der Physiker heute lediglich eine mathematische Konstruktion sehen.[14]

Das Argument, auf das wir uns eingelassen haben, könnte zu Schlussfolgerungen führen, die unserem heutigen und immer noch überwiegend materialistischen Denken widerstreben. Aber wir können diesen Schlussfolgerungen nicht ausweichen, ohne unsere Überzeugung von einer kontinuierlich verlaufenden Entwicklung aufzugeben.[15] Wir können beobachten, dass durch unser eigenes Verhalten psychische Impulse ›ausgedrückt‹ werden, und wir schreiben diese Impulse auch anderen Organismen zu, soweit sie uns in Struktur und Verhalten ähnlich sind. Nachdem wir nun diesen ersten Schritt gemacht haben, zwingt uns das Kontinuitätsprinzip dazu, jedem beobachteten Verhalten ein gewisses psychisches Korrelat zuzuordnen, so unklar es auch definiert sein mag.

Können wir es denn wagen, auf die Gefahr hin, uns völlig in irgendwelchen mystischen Nebeln zu verlieren, eine derartige revidierte animistische Konzeption des Universums genauer zu formulieren? Wenn Verhalten im weitesten Sinn eine Richtschnur sein kann, fallen uns zwei gegensätzliche Tendenzen auf, die General Smuts sehr beeindruckten und dazu brachten, *Holism and Evolution*[16] zu verfassen: einerseits Entropie, andererseits die organische Entwicklung immer komplexerer und anpassungsfähigerer Systeme. Wenn wir vom Kontinuitätsprinzip ausgehen, müssten wir vielleicht beiden Varianten psychische Korrelate zuordnen.[17]

14 Clifford Scotts Konzept des »Körperschemas« (das zum Teil abgeleitet ist aus Paul Schilders Konzept des »Körperbildes«) schließt die Außenwelt mit ein.

15 Die Alternative zum Kontinuitätsprinzip wäre irgendeine Form des »aufkommenden Vitalismus« – eine Doktrin, die meines Erachtens viel schwieriger zu akzeptieren ist.

16 *Holism and Evolution.* Macmillan (London), 1926. Dt.: *Die holistische Welt.* Berlin (Metzner), 1938.

17 Man könnte argumentieren, dass wir mit der Vorstellung eines Modells des Universums, in dem Ereignisse das Resultat dieser gegensätzlichen Kräfte sind, lediglich die Kräfte »projizieren«, die nach unserer Erfahrung in uns selbst wirksam sind. Dieses Argument widerspricht zwar dem Animismus, räumt aber ein, dass diese beiden Kräfte tatsächlich in uns vorhanden sind.

Zumindest sprechen sowohl gute biologische als auch analytische Gründe dafür, in der Angst vor dem Tod[18] – sowohl unserem eigenen als auch dem der Menschen, mit denen wir uns identifizieren – ein grundlegendes Lebensmotiv zu sehen. Wenn uns in Analysen diese Angst in ihren primitiveren Ausprägungen begegnet, scheint sie mit dem Wissen um selbstzerstörerische Kräfte einherzugehen. Ob unser Wissen um diese Kraft erklärt werden kann, weil wir uns der Aggression in einer Zeit gewahr werden, in der die Unterscheidung zwischen Selbst und Außenwelt noch nicht erreicht oder wieder aufgelöst war, oder ob man sie sich irgendwie als psychische Repräsentanz der Entropie vorstellen kann – des katabolischen Prozesses in unseren Gehirnen und Körpern –, scheint mir eine offene Frage zu sein. Aber als eine wichtige Ursache und Auswirkung der Angst existiert diese Kraft ganz sicher.

Abschließend möchte ich noch einmal betonen, dass die Angst vor dem Tod, oder dem Sterben, sich schon logisch vom Todestrieb unterscheidet. Empirisch wissen wir, dass die Angst vor dem Tod sich entweder aus unserer eigenen Aggression ergibt oder zumindest sehr durch sie gesteigert wird. Aber eine Aggression, von der sich das Selbst bedroht fühlt, weil sie projiziert oder nach innen gewendet wurde oder, noch fundamentaler, weil die Unterscheidung zwischen Selbst und Außenwelt noch nicht zustande gekommen oder wieder verloren gegangen ist, entspricht nicht dem Todestrieb, wie ihn Freud konzipiert hat. Wenn es einen derartigen Trieb nicht gibt, müssen wir annehmen, dass die Angst vor dem Tod (zum Beispiel durch Verhungern) primär ist und die Aggression (zum Beispiel die aggressive Gier) eine instinktive Reaktion darauf, die, wenn sie sich nicht eindeutig auf ein äußeres Objekt richtet, das Gefühl einer Gefahr nur noch steigert. Wenn es aber einen Todestrieb gibt, ist kaum zu bezweifeln, dass die Angst vor dem Tod eine Reaktion darauf ist. Wie Paula Heimann sagt: »Eine Gefahr, die primär im Organismus entsteht, ist der Stimulus für die angeborene Fähigkeit des Menschen, Angst zu empfinden.«[19] Die Schwierigkeit besteht nicht darin, wie der Todes-›Trieb‹ wirkt, wenn

18 Zur Vermeidung logischer Schwierigkeiten könnten wir immer die »Angst vor dem Tod« durch die »Angst vor dem Sterben« ersetzen.

19 »Notes on the Theory of the Life and Death Instincts«. In *Developments of Psycho-Analysis*. London (Hogarth Press), 1952.

er denn existiert, sondern darin, wie er überhaupt existieren kann. Es kann kein Trieb im üblichen Sinn sein – etwas, das sich im Interesse der Selbsterhaltung und der Erhaltung der Spezies entwickelt hat.[20] Er kann deshalb nur als eine Art von psychischem Korrelat zur Entropie konzipiert werden – etwas, das schon vor den eigentlichen Trieben vorhanden war, die vermutlich entwickelt wurden, um sich ihm zu widersetzen.[21]

20 Es wäre vorstellbar, dass sich ein Trieb entwickelt hat, bei dem es lediglich darum geht, ein Optimum an Langlebigkeit sicherzustellen. Aber wenn dem so wäre, wäre es etwas sehr viel Spezifischeres und etwas Umgrenztes, wenn man dies mit dem generellen Todestrieb vergleicht, den Freud sich vorgestellt hat.

21 Wenn wir den Todestrieb in etwa entsprechend dieser Begriffe akzeptieren, bleibt möglicherweise immer noch eine weitere Frage offen, nämlich die Frage nach der Beziehung zwischen Todestrieb und Aggression. Mit Freud können wir uns die Aggression als Ausdruck des nach außen gewandten Todestriebs vorstellen. Oder wir können uns eine sekundäre Aggression vorstellen, die sich im Interesse der Selbsterhaltung und der Arterhaltung entwickelt hat, um sich einer primären selbstzerstörerischen Kraft zu widersetzen, dann nach innen gewandt und mit diesem Todestrieb vermischt wurde, obwohl sie eigentlich nur dessen zeitweise Verbündete war. Aber wenn zwischen den beobachtbaren Auswirkungen dieser beiden Hypothesen kein Unterschied besteht, ist die Unterscheidung möglicherweise irreal.

Einführung zu Kapitel 5

Gelingen und Misslingen seelischer Reifungsprozesse, 1965 im *Scientific Bulletin* der Britischen Psychoanalytischen Gesellschaft veröffentlicht, gehört zu den Arbeiten, von denen Roger Money-Kyrle in *Rückblick und Ausblick* schreibt, sie hätten sich aus der analytischen Arbeit ergeben. Tatsächlich muss es ein zentrales Anliegen von Analytikern sein, über eine Theorie der Faktoren zu verfügen, welche seelisches Wachstum befördern bzw. hindern und dies möglichst in einer Form, so Money-Kyrle zu Beginn dieser Arbeit, welche sich bei der analytischen Arbeit als brauchbar für das Formulieren von Deutungen erweist.

Der Versuch, die Urszenenträume und -phantasien seiner Patienten zu analysieren, konfrontierte ihn mit der Notwendigkeit, so scheint es, eine Vorstellung über die grundsätzlichen Prinzipien der Entwicklung oder Fehlentwicklung des Wissens über die Realität zu gewinnen. Als Philosoph war er natürlich schon lange vertraut mit den verschiedenen Denktraditionen zu »angeborenen Ideen«, mit Vertretern, die von einer anfänglichen Tabula rasa ausgingen, mit klassischer Erkenntniskritik. Seine früheren Arbeiten zeugen davon, dass er, vermutlich auf dem Hintergrund seiner Beschäftigung mit Biologie, mit der Evolutionstheorie Darwins, mit Phylo- und Ontogenese davon ausging, es gebe irgendeine Art angeborener Idee von beispielsweise Brust und Penis (1944, S. 169), ohne dass er näher darauf eingeht. In den 1950- und 1960er-Jahren befasst er sich in verschiedenen Arbeiten etwas genauer mit dem Thema, wählt zum Teil etwas unterschiedliche Begrifflichkeiten dafür. In einem Beitrag zum anthropologischen und psychoanalytischen Konzept der Norm (1955) benennt er »bildlose Erwartungen«, die eine Art primitives Wissen darstellen – weiteres Wissen besteht dann aus Erwartungen, die sich in Bildern ausdrücken und schließlich verbalen Symbolen.[1]

1 Man fühlt sich an Freuds Überlegungen zu verschiedenen Nieder- oder Umschriften erinnert, wie er sie in einem Brief an Wilhelm Fließ vom 6. Dezember 1896 ausführt.

Ein Jahr später greift er auf das biologische Reiz-Reaktions-Schema zurück und vermutet psychische Äquivalente. Das Konzept der »Signalreize« bei den »angeborenen Auslösemechanismen« sei besonders suggestiv, da bestimmte Gestalten [Deutsch im Original], die beispielsweise die Merkmale einer Brust aufweisen, beim menschlichen Säugling zu funktionieren scheinen. Er schlägt hier vor, von »primären Symbolen« zu sprechen – obwohl er einräumt, dass dies etwas verwirrend sein könnte. All diese primären Symbole, wie Brust, Mund, Penis, Vagina und Verkehr seien von größerer biologischer Bedeutung. Und es könne wenig Zweifel geben, dass die angeborene Antwort darauf sowohl kognitiv als auch emotional und konativ sei. Jedes sensorische Muster, das die Gestalt eines Primärsymbols hat, führe zu einem Erkennen (1978[1956b], S. 323). Im gleichen Jahr hatte er in *Psychoanalysis and Philosophy* mit Rückgriff auf die Philosophie fünf Stadien der kognitiven Entwicklung versuchsweise beschrieben, wobei die ersten drei – etwas konstruiert – sich auf die Zeit zwischen der Geburt und den Reaktionen auf die verschiedenen Gestaltformen beziehen (1978[1956a, S. 311f.], was er später nicht weiterverfolgt.

In Money-Kyrles Buch *Man's Picture of his World* (1961) finden sich u.a. im Kapitel über *Instinct in the Child* weitere Ausführungen. Betrachte man die Beziehung zwischen Triebhaftem und Erworbenem, so seien die beiden Seiten nicht so klar zu trennen, wie es vielleicht zunächst scheint, da das Eine das Andere umfasse. Während es wahr sei, dass der kognitive Aspekt v.a. auf dem Erkennen [recognition] beruhe und sich über Erfahrung enorm entwickle, sei er doch zugleich ganz grundlegend ein ausschlaggebender Teil der frühesten angeborenen Reaktionen [respons*es*] (S. 49). Er stelle ein rudimentäres Wissen dar. Man könne annehmen, eine angeborene anfängliche Struktur bringe schon von Geburt an umfängliche Phantasien hervor, die noch nicht von Erfahrungen geprägt sind. Darüber hinaus würden sich vermutlich von den vielen Mutationen diejenigen angeborenen anfänglichen Strukturen durchsetzen, die Phantasien hervorbringen, welche der äußeren Realität ähneln (S. 50). Die kognitive Entwicklung, die das sukzessive Erkennen sowohl von signifikanten Unterschieden als auch Ähnlichkeiten umfasst, sei wohl selbst bis zu einem gewissen Grad angeboren. Nur am Rande sei hier angemerkt, dass S. Freud mit seiner Idee von Urphantasien als »phylogenetischem Besitz« (1933a, S. 386) in seiner Weise Ähnliches zu fassen suchte.

All diese Überlegungen hält Money-Kyrle weiterhin für gültig, wenn er nun zu Beginn von *Gelingen und Misslingen psychischer Reifungsprozesse* Bions Begriff der angeborenen Präkonzepte übernimmt. Hat dies mit seiner Bescheidenheit zu tun, dass er seine eigentlich anschaulichere Benennung »angeborener bildloser Erwartungen« durch Bions Begrifflichkeit ersetzt? Money-Kyrle hatte in seinen bisherigen Arbeiten gelegentlich kurz auf Bions Veröffentlichungen Bezug genommen – 1953 zum Beispiel auf dessen Arbeit mit Gruppen oder 1956 auf Bions Artikel zur Sprache der Schizophrenen. Aber seine Besprechung (1964) von Bions Buch *Elemente der Psychoanalyse* (1963) für das *International Journal of Psychoanalysis* ist ein Zeugnis seiner intensiven Auseinandersetzung. Hatte Money-Kyrle sich – wie wir sahen – schon wiederholt mit der Natur der kognitiven Entwicklung befasst, so dürfte das Erscheinen dieses Buchs ihn dazu angeregt haben, seine Vorstellung einer kognitiven Pyramide darzulegen, die, wenn man so will, ein etwas anschaulicheres Modell als Bions *Grid* ist. Money-Kylre operiert ebenfalls mit dem Begriff der Realisierungen, aufgrund derer die Präkonzepte einen Prozess der Entfaltung durchlaufen. Eine Tiefendimension – die Money-Kyrle durch viele, ineinander enthaltene Pyramiden in der Art einer Matroschka-Puppe veranschaulicht – kommt durch die Angewiesenheit auf Objekte hinzu. Entscheidend dabei ist, wie das abwesende Objekt repräsentiert wird. Hier begegnen wir wieder den drei Stufen – nun ausgearbeitet als konkrete Repräsentierung, als ideographische und schließlich als verbale Repräsentierung.

Im Weiteren führt er uns die Faktoren vor Augen, die zu einem Misslingen seelischer Reifungsprozesse führen. Money-Kyrle hat dabei auch im Blick, wie ein Versagen der Umwelt/Mutter dazu beitragen kann, wenn die Projektionen nicht hinreichend aufgenommen werden, wobei er aber betont, wie vor allem Neid die Bildung des Konzepts eines guten Objekts erschweren kann. Ohne eine gewisse Repräsentanz guter Erfahrungen wird ein Überleben nicht möglich sein. Aber diese sind möglicherweise prekär. Der eindrückliche Traum einer Patientin vor einer Ferienunterbrechung, in dem das Programm ihrer bisher gut funktionierenden Waschmaschine plötzlich umgekehrt ablief, ist ein anschauliches Beispiel. Hatte die Patientin ihren Analytiker in Form der Waschmaschine als gutes Objekt repräsentiert, mit dessen Hilfe sie ihre ›schmutzigen‹ Impulse und Verfassungen verstehen und damit einordnen konnte, sich also nicht mehr so von ihnen verfolgt fühlte, so kehrt sich mit den bevorstehenden Ferien etwas um. Seine bevorstehende Abwesenheit repräsentiert sie nun in der Form, dass ihre Belange nicht nur nicht mehr betrachtet, »gewaschen« werden, sondern sogar noch weiter »beschmutzt« werden, weil sie mit noch unerträglicheren Zuständen zu tun hätte, wenn ihr Unglück nicht mehr aufgenommen werde. Von Seiten der Patientin, so vermutet Money-Kyrle, komme hinzu, dass angesichts der Ferien viel Neid und Gier aktualisiert wurden, die in dem Traumbild der all das »Saubere« / Gute für sich behaltenden Waschmaschine in den Analytiker projiziert erscheinen.

Der Leser erfährt des Weiteren, wie sich Neid in den verschiedenen Stadien auswirkt. Zuletzt gilt es, sich der schmerzhaften Erkenntnis der eigenen Ambivalenz zu stellen und zu erkennen, dass man selbst eines dieser gut-bösen Objekte ist. Wenn das gelingt, Integration also zu diesem Reifungsprozess führte, ermöglicht die kognitive Entwicklung einen Umgang mit den verschiedenen Realitäten. Aber ein partielles Scheitern kann sich immer wieder ereignen, wenn Situationen aus emotionalen Gründen (aktiv) verkannt werden [misrecognition]. Eine emotional bedingte intellektuelle Störung bildet also den Kern des Misslingens.

Diesen Gedanken führt Money-Kyrle 1968 (siehe das nachfolgende Kapitel) sowie 1971 in *Ziel der Psychoanalyse* weiter und fasst nochmals zusammen: Der kognitive Teil der angeborenen Reaktion gehe der affektiven und konativen Reaktion voraus. Diese Denkfigur hat Wolfang Loch, der im Nachkriegsdeutschland früh Melanie Klein und andere Kleinianer, u.a. Money-Kyrle, rezipierte, verschiedentlich aufgegriffen (z.B. 1972, S. 297; 1979, S. 93; 1994, S. 13). Ausführlicher sollte Jahrzehnte später Hermann Beland auf diesen Überlegungen Money-Kyrles aufbauen. In seiner Wolfgang-Loch-Vorlesung von 2014 taucht dies prägnant bereits im Titel *Der Funktionskreis der angeborenen Antizipationen: Zur Kritik des Affektgesetzes* auf: jedes Gefühl sei Folge eines vorangehenden Situationsurteils. Beland hat in den folgenden Jahren weiter darüber nachgedacht, was in seinem Buch von 2020 nachzulesen ist. Er spricht nun vom Primat der Noesis. »Man beurteilt ein Verhältnis zu einem Menschen und entsprechend fühlt man« (ebd., S. 10). Heuristisch stehe das Gefühl jedoch am Anfang (ebd., S. 11). Money-Kyrles Gedanke hat – folgt man Belands

Überlegungen – großen Einfluss auf die analytische Praxis, denn er bedeute, dass es keine falschen Gefühle gebe, »sondern nur unrealistische Urteile« (ebd., S. 19).

Zuletzt sei noch auf einen Artikel verwiesen, der Money-Kyrles Überlegungen bezüglich der ideographischen Ebene in Analysen fruchtbar macht. Thomas Müller bezieht sich auf *Gelingen und Misslingen seelischer Reifungsprozesse*, wenn er die »ideogrammatische Kommunikation des psychotischen Patienten« (2021, S. 49) zu verstehen sucht. Bei einer Patientin war beispielsweise schwer zu verstehen, was es mit ihrem »Tagebuch« auf sich hatte. Es erwies sich, »dass es auf faktische Weise ein zerfetztes Containing-Objekt darstellte, einen beschädigten Selbstanteil, der darin konkret ›zu Papier‹ gebracht worden war, sowie die zerrissene Beziehung zu ihren Objekten« (ebd. S. 59).

Claudia Frank

Literatur

Beland, H. (2015): Der Funktionskreis der angeborenen Antizipationen: Zur Kritik des Affektgesetzes, dass jedes Gefühl Folge eines vorangehenden Situationsurteils sei. In: Jahrbuch der Psychoanalyse 71,179–205.

Beland, H. (2020): Leidenschaftliches Zuhören bei namenloser Angst. Gießen: Psychosozial.

Freud, S. (1933a): Neue Folge der Vorlesungen zur Einführung in die Psychoanalyse. GW 15.

Freud, S. (1985c): Briefe an Wilhelm Fließ 1887–1904.

Loch, W. (1972): Zur Theorie, Technik und Therapie der Psychoanalyse. Frankfurt a. M.: Fischer.

Loch, W. (1979): »Krankheitsbegriff – Krankheitslehre – ein psychoanalytischer Beitrag«. In: Jahrbuch der Psychoanalyse 11, 82–99.

Loch, W. (1994): Wie verstehen wir Fühlen, Denken, Verstehen? In: Jahrbuch der Psychoanalyse 32:9–39.

Money-Kyrle, R. E. (1944): Some Aspects of Political Ethics from the Psycho-Analytical Point of View. In: International Journal of Psychoanalysis 25, 166–170.

Money-Kyrle, R. (1978[1953]): Towards a Rational Attitude to Crime. In: The Collected Papers of Roger Money-Kyrle, 245–252.

Money-Kyrle, R. (1978[1955]): The Anthropological and the Psychoanalytic Concept of the Norm. In: The Collected Papers of Roger Money-Kyrle, 253–263.

Money-Kyrle, R. (1978[1956a]): Psychoanalysis and Philosophy. In: The Collected Papers of Roger Money-Kyrle, 297–317.

Money-Kyrle, R. (2022[1956b]): Normale Gegenübertragung und ihre Abweichungen. In: Ders.: Klinische Beiträge. Ausgewählte Schriften Band II, hg v. C. Frank und H. Weiß, 27–43.

Money-Kyrle, R. (1961): Man's picture of his world. Duckworth.

Money-Kyrle, R. (1978[1965]): Review: W. R. Bion – ›Elements of Psycho-Analysis‹. In: The Collected Papers of Roger Money-Kyrle, 389–396.

Money-Kyrle, R. (2022[1971]): Das Ziel der Psychoanalyse In: Ders.: Klinische Beiträge. Ausgewählte Schriften Band II, hg v. C. Frank und H. Weiß, 111–119.

Müller, T. (2021): Die Aktivierung psychotischer Objekte in Übertragung und Gegenübertragung In: Psyche – Z. Psychoanal. 75, S. 40–66.

Kapitel 5
Gelingen und Misslingen seelischer Reifungsprozesse (1965)

[Anmerkung 1977 – Beim erneuten Lesen dieser Arbeit, die ich ganz überwiegend immer noch für zutreffend halte, stellte ich fest, dass ich einige Abschnitte nicht mehr verstand. Aber da ich davon ausgehe, dass ich sie zumindest verstand, als ich sie damals niederschrieb, habe ich im ›Zweifel für sie gestimmt‹ und sie belassen.]

Die Tatsachen, die nach und nach durch psychoanalytische Erkundungen aufgedeckt worden sind, lassen sich auf unterschiedliche Weise zum Ausdruck bringen. Wenn eine neue Form der Darstellung altbekannte Wahrheiten nur in ungewohnte Begriffe fasst, ist sie wahrscheinlich redundant oder sogar verwirrend. Aber manchmal ergibt sich dabei auch eine außerordentlich erhellende neue Perspektive. Sie erweitert vielleicht nicht die theoretischen Kenntnisse des Analytikers, könnte ihn aber doch in die Lage versetzen, bei seinen Patienten mehr Beispiele für Realisierungen der psychoanalytischen Theorie wahrzunehmen als zuvor, sodass er dann seine Deutungen in einer Weise formulieren kann, die für seine Patienten leichter nachzuvollziehen ist. Nach meinem Eindruck vermitteln Bions neuere Arbeiten – abgesehen von ihrem Beitrag zu den theoretischen Grundlagen der Psychoanalyse – genau diese Art von Perspektivenwechsel.

Zweifellos werden unterschiedliche Analytiker unterschiedliche Elemente aus seinem Werk herausgreifen und sie unterschiedlich weiterentwickeln. Was ich hier herausgreife und weiterzuführen versuche, ist eine Theorie der Entwicklung oder Fehlentwicklung einer Einheit, die ich als ›konzeptuelle Pyramide‹ bezeichne und von ihrem Scheitelpunkt aus betrachte.

Bion spricht von angeborenen Präkonzeptionen, die sich mit Realisierungen paaren und Konzeptionen bilden – Begriffe, die zutreffender und besser sind als der Begriff der ›angeborenen Idee‹, den ich, bildhaft oder auch nicht, bis jetzt angewandt habe. Aber ich schreibe dem neuen Konzept der angeborenen Präkonzeptionen denselben Ursprung und dieselbe Entwicklung zu wie den ›angeborenen Ideen‹, das heißt, ich betrachte sie nicht als ein biologisches Gedächtnis im Sinne Lamarcks, sondern im Sinne Darwins als die Auswahl zufälliger zerebraler Mutationen, die nach und nach im Verlauf der zerebralen Reifung zustande kommen, wahrscheinlich etwa im Alter von sechs Monaten.

Die psychoanalytische Erfahrung – zum Beispiel der Art und Weise, wie die Vorstellung der Beziehung zwischen Penis und Vagina aus der Vorstellung der Beziehung zwischen Brustwarze und Mund hervorzugehen scheint – legt nahe, dass die zugrunde liegenden Präkonzeptionen durch einen Prozess der Entfaltung und Aufspaltung entstehen. Phylogenetisch betrachtet ist die konzeptuelle Pyramide das Endergebnis dieser angeborenen Präkonzeptionen, die auseinander hervorgehen und sich mit Realisierungen paaren, um eine Art Bündel oder eine Pyramide unterschiedlicher Konzeptionen hervorzubringen.

Da angeborene Präkonzeptionen sich mit Realisierungen paaren müssen, damit Konzeptionen (die ich auch als Konzepte, Klassen oder Kategorien bezeichnen werde) entstehen, können sie nicht zustande kommen, wenn keine Realisierungen verfügbar sind. Die Grundlagen der Pyramide entstehen üblicherweise in einer normalen oder adäquaten Umwelt. (Auf andere Faktoren, die nicht aus der Umwelt stammen und die Bildung der Pyramide beeinflussen, werde ich noch zurückkommen.)

Aber wenn die wesentlichen Elemente der Pyramide angeboren und vorherbestimmt sind, kann die Rolle der Erfahrung sich nicht darauf beschränken, sie auseinander hervorgehen zu lassen, sobald sie zur Teilung bereit sind. Da jede Realisierung (einer Gesamterfahrung entnommen) konkreter oder spezifischer ist als die angeborene (nicht bildhafte) Präkonzeption, mit der sie sich paart, ist wiederum die resultierende (bildhafte) Konzeption ebenfalls spezifischer und fungiert ihrerseits wieder als eine spezifischere Präkonzeption. Wenn zum Beispiel die angeborene, nicht bildhafte Präkonzeption einer Brust sich mit einer bestimmten Brust oder Flasche paart, werden bestimmte Elemente dieser Erfahrung (in Abhängigkeit von den jeweiligen Eigenarten des Kindes als auch des sinnlichen Teils der Erfahrung) abstrahiert und als ein Erinnerungsbild gespeichert, das dann als eine spezifischere Präkonzeption für die weiteren Realisierungen einer Brust fungiert – ein Prozess, der wahrscheinlich dem entspricht, was Verhaltensforscher als ›Prägung‹ bezeichnen. Darüber hinaus führt das Auftreten geringfügiger *Unterschiede* zwischen den jetzt bildhaften Präkonzeptionen und ihren weiteren Realisierungen zu weiteren Differenzierungen. Oder anders formuliert können wir unterscheiden zwischen einer primären Proliferation, die vielleicht nur wenige Elemente hervorbringt und durch angeborene Reifungsprozesse prädeterminiert ist, und einer sekundären Proliferation, die nie aufhört, sich unter dem Einfluss jeder neuen Erfahrung weiter auszubreiten.

Wenn das alles wäre, würde ein derartiger Prozess der Teilung und Spezifizierung unser Gedächtnis bald überfordern. Aber er wird durch einen ebenfalls kontinuierlichen Prozess der Generalisierung aufgrund der Ähnlichkeiten zwischen den Realisierungen der verschiedenen Präkonzeptionen aufgewogen. Kategorien oder Klassen werden nicht nur in Unterklassen aufgeteilt, sondern auch zu Oberklassen zusammengeführt. So wird zum Beispiel etwas, das vielleicht zunächst als unterschiedliche Brüste wahrgenommen wurde, bald als verschiedene Aspekte ein- und derselben Brust klassifiziert.

Die Funktion der auf diese Weise proliferierenden Pyramide – die unter dem Einfluss der Spaltung und Integration komplexer und zugleich einfacher wird – besteht darin, uns vor Verwirrung oder Ratlosigkeit zu schützen, indem sie uns ein System aus sowohl spezifischen als auch allgemeinen Kategorien zur Verfügung stellt, ein System, das uns beim Erkennen jeder neuen Situation, jedes neuen Objekts hilft und eine Zuordnung ermöglicht, also die *Erkenntnis,*[1] dass etwas zusammenpasst. Mit ihrer Hilfe kann zum Beispiel ein Analytiker, der mit einer adäquaten Reihe von psychoanalytischen Theorien vertraut ist, davon ausgehen, dass er in der Lage sein wird, die Assoziationen seines Patienten als eine Realisierung einer oder mehrerer dieser Kategorien zu erkennen. Er muss sich nur daran erinnern, wie viel Angst er selbst verspürt, wenn er sich vollkommen ratlos fühlt, um zu realisieren, wie sehr wir von unserer konzeptuellen Pyramide

1 Erkenntnis ist eines der Schlüsselkonzepte in Moritz Schlicks Buch *Allgemeine Erkenntnislehre*, Berlin (Julius Springer), 2. Aufl. 1925, das meine Überlegungen zu diesem Thema stark beeinflusst hat.

abhängig sind, und um etwas von dem erschreckenden Chaos zu ahnen, in dem sich ein Neugeborenes in den Anfangsstadien der Entwicklung dieser Pyramide befindet.

Bis hierhin hat das bis jetzt dargelegte System den Charakter einer akademischen Erkenntnistheorie. Man sollte solche Theorien keineswegs verachten, aber es fehlt ihnen eine tiefenpsychologische Dimension. Wir müssen daher unsere Pyramide noch um diese Dimension ergänzen. Dies gelingt uns, wenn wir uns nicht nur eine Pyramide, sondern so etwas wie eine Matrjoschka-Sammlung aus Pyramiden vorstellen, bei der jede neue über ihre Vorläuferin passt. Sie stellt jetzt nicht nur die Ergebnisse der Entwicklung aus Entfaltung oder Spaltung samt neuer Kombinationen dar, sondern auch die Entwicklung jedes einzelnen Konzepts durch verschiedene Stadien der Verfeinerung [sophistication], wie Bion sie genannt hat.

Bei Bion beginnen diese Stadien mit β- und α-Elementen und gehen weiter zu Traumgedanken und höheren Ebenen. Darüber hinaus legt die psychoanalytische Erfahrung nahe, in der Entwicklung des repräsentierenden Denkens von drei bestimmten Stadien auszugehen, also von der Verwendung von Konzepten, durch die abwesende oder getrennte Objekte repräsentiert werden. Im ersten Stadium wird etwas, das später vielleicht ein abwesendes oder getrenntes Objekt repräsentieren könnte, konkret als eine introjektive oder projektive Identifizierung mit dem Objekt erlebt. Diese Art der »konkreten Darstellung durch Identifizierung« machte einen großen Anteil der Arbeit Melanie Kleins aus. Vermutlich läuft sie nach demselben primitiven Mechanismus ab, durch den sich ein emotionaler oder kinästhetischer Zustand in jeder Art von sozialem Lebewesen entfaltet. Das zweite Stadium ist das der »ideographischen Darstellung«, vor allem durch »visuelle Metaphern«, und gilt vor allem für das von Freud erforschte Traumdenken. Einige der beim Verstehen von Träumen auftretenden Schwierigkeiten könnten nicht nur auf einem Widerstand beruhen, sondern darauf, dass wir mit diesem Stadium nicht mehr sehr vertraut sind, weil es durch das dritte Stadium des verbalen Denkens ersetzt worden ist, von dem unser bewusstes Handeln dominiert wird.

Konzeptueller Fortschritt, sei er spontan oder mithilfe analytischer Überlegungen entstanden, scheint vor allem aus ›Übersetzungen‹ aus den ersten beiden Sprachen in die dritte zu bestehen. Beispielsweise könnte das

Konzept »Penis des Vaters« in einer Analyse mehrere Stadien durchlaufen, wenn der Patient zunächst seinen ganzen Körper konkret mit diesem Organ identifiziert, dann in Träumen zu einer ideographischen Darstellung wie beispielsweise durch Schlangen übergeht, bevor er schließlich ein komplexes Konzept entwickelt und den voll ausgebildeten Ödipuskomplex erreicht.

Aber es gilt, noch auf ein weiteres Kennzeichen der Pyramide hinzuweisen: Normalerweise existieren gute und böse Versionen (später natürlich auch noch Übergänge zwischen diesen Versionen) von jedem der in dieser Pyramide enthaltenen fundamentalen Konzepte. Der Grund dafür ist, dass beide Aspekte unserer Ambivalenz projiziert werden. Wenn man, so wie ich, von Darwins Triebauffassung ausgeht, lässt sich diese Ambivalenz problemlos dem Überlebenswillen zuordnen und der in fast jeder Spezies zu beobachtenden Fähigkeit, sowohl zu hassen und sich aggressiv zu verhalten als auch der Fähigkeit, liebevoll und beschützend zu sein. Und dies aus zwei Gründen: nicht nur, weil es bei Angriffen und zur Verteidigung nützlich ist, aggressiv zu sein, sondern auch, weil Aggression in ihrer projizierten Form eine Voraussetzung für die Fähigkeit ist, Furcht zu empfinden. Ein Tier, das keinen Hass verspürt und projiziert und dem deshalb für seine konzeptuelle Pyramide nur gute Kategorien zur Verfügung stehen, wäre nicht in der Lage, reale Gefahrensituation zu erkennen, es wäre zu vertrauensvoll, um aus eigener Kraft und ohne Beschützer überleben zu können.

Damit komme ich von der Konstruktion der konzeptuellen Pyramide zu den sowohl in uns selbst als auch in unserer Umwelt bestehenden Faktoren, die zu einer Fehlkonstruktion oder einem falschen Gebrauch der Pyramide führen könnten. Neid ist analytisch deshalb so bedeutungsvoll, weil exzessive neidische Angriffe auf gute Objekte die Entwicklung der entsprechenden guten Kategorien beeinträchtigen. Das Ergebnis ist dann eine in dieser Hinsicht missgestaltete Pyramide, bei der einige, wenn nicht alle der guten Kategorien fehlen.

Da als erstes das Konzept einer Brust auftaucht, wäre schon von Beginn an die Fähigkeit beeinträchtigt, sich eine Vorstellung von etwas Liebevollem zu bilden, wenn es nicht gelingt, sich eine gute Brust vorzustellen. Diesem Zustand nahezukommen, bringt eine Welt hervor, der man, innerlich und äußerlich, nur durch den Tod entkommen kann, entweder durch den Tod des Körpers oder durch den Tod des Denkens und Fühlens wie in manchen Psychosen.

Dasselbe gilt, wenn die frühesten Ansätze des Lernens misslingen. Denn der Säugling braucht, wie Bion ausgeführt hat, die Brust nicht nur für seine Ernährung, sondern auch für die projektive Identifizierung, deren Inhalte die Brust ihm sozusagen in entgifteter Form zurückgibt. Anders ausgedrückt: Der Säugling, der zunächst keine Vorstellung von der Ursache seiner vielfältigen Unlustempfindungen hat, erlebt die Brust normalerweise als etwas, das ihn davon befreit. Und nur, insoweit die Brust als etwas erlebt wird, das seine projektiven Identifizierungen aufnimmt, toleriert und angemessen (durch Füttern und die erforderliche Körperpflege) in einer Weise beantwortet, die verständlich und aushaltbar ist, kann er lernen und begreifen, worum es dabei geht. Der Säugling kann nicht selbst denken, er braucht die Brust, die an seiner Stelle das Denken übernimmt. Und dann internalisiert er sie bald als Teil seines Ich-Kerns, der in ihm weiterdenkt (die Situation *erkennt*). Wenn es ihm nicht gelingt, das Konzept eines guten Objekts, das diese Aufgabe übernimmt und das er internalisieren kann, zu entwickeln, wird er nie in der Lage sein, eine Erfahrung so lange zu containen, bis er sie durch eigenes Nachdenken bewältigen kann.

Es könnte auch an Defiziten in der Umwelt liegen, wenn es nicht gelingt, das Konzept einer Brust, die Chaos in Sinn verwandelt (β-Elemente in α-Elemente und höhere Formen des Denkens), zu entwickeln und zu internalisieren. Die Mutter könnte wenig empfänglich für die Unlustsignale ihres Säuglings sein, weil sie zu ängstlich oder zu narzisstisch ist; oder sie könnte für einige Signale wenig empfänglich sein, weil sie diese nicht gut aushält, sodass sie vielleicht die Projektion von Schuldgefühlen zurückweist (Analytiker, die erlebt haben, dass ihnen derartige Projektionen galten, könnten ein gewisses Mitgefühl mit ihr entwickeln). Oder anders formuliert, trifft das Baby vielleicht nicht auf die angemessene Realisierung, die sich mit seiner angeborenen Präkonzeption paaren könnte. Und da die Präkonzeption ein Objekt ist, das *alle* Unlustempfindungen beseitigt, muss die Umwelt aus Sicht des Babys immer bis zu einem gewissen Grad versagen. Aber es ist immer auch Neid im Spiel, der sich insbesondere dagegen richtet, dass die Mutter scheinbar keine Unlust empfindet (»Warum sollten

Sie glücklich sein, wenn ich unglücklich bin«, sagen oder denken unsere Patienten). Deshalb weckt eine Mutter, die unempfänglich ist für die Projektion der Unlustempfindungen ihres Säuglings, höchstwahrscheinlich seinen Neid. Auf diese Weise können die beiden Faktoren – der Neid des Säuglings und der Widerstand der Mutter – sich gegenseitig verstärken und verhindern, dass das Konzept einer guten Brust gebildet wird, einer Brust, die in der Lage ist, sowohl eine liebevolle Beziehung herzustellen als auch die Grundlagen für die Fähigkeit zu vermitteln, Probleme durch Nachdenken zu bewältigen.

Dass es dermaßen unmöglich ist, ein derartiges Konzept zu entwickeln, wird in der Praxis wohl kaum vorkommen, wenn ein Säugling es schafft, am Leben zu bleiben. Aber selbst bei relativ normalen Menschen kann es zeitweise zu Momenten kommen, die einem derartigen Desaster nahekommen. Vor einer Ferienunterbrechung träumte eine Patientin, dass »das Programm ihrer Waschmaschine, die zuvor so gut funktioniert hatte, plötzlich umgekehrt ablief, sodass ihre Wäsche nicht mehr gewaschen, sondern mit Schmutzwasser verdreckt wurde«. Da ihre Einfälle auf eine gewisse Verwirrung hinwiesen, verstand ich ihren Traum vor allem so, dass sie mich als eine Brust erlebte, die ihr Unglück nicht aufnahm und es durch eine Deutung verständlich und damit erträglich machte, sondern umgekehrt (wie von Bion beschrieben) als eine Brust, die alles, was in ihren Einfällen sinnvoll oder gut war, gierig verschlang und ihr etwas Unverständliches oder Böses zurückgab. Mehr noch, ich war wohl nicht nur deshalb zu dieser Art böser Brust geworden, weil ich sie nicht gut genug verstanden hatte, auch wenn dies immer eine Rolle spielen kann, sondern weil sie in mich, bedingt durch die Ferien, viel Gier und Neid ihres kindlichen Selbst projiziert hatte.

Ich habe auf diesen ersten Schritt in der konzeptuellen Entwicklung viel Zeit verwandt, weil jede weitere Entwicklung blockiert wird, wenn er misslingt, während alle weiteren Schritte enorm begünstigt werden, wenn er gelingt. Gelingt der erste Schritt nur teilweise, könnte es später zu deutlicher ausgeprägten Schwierigkeiten kommen.

Wenn es trotz beträchtlichem Neid (und anderer Probleme) doch zum Konzept einer guten Brust kommt, verhindert vielleicht der Neid auf die Beziehung der Eltern, dass das Konzept eines guten Penis entsteht. Es existiert dann zwar das Konzept eines Penis, aber es ist das eines bösen Penis und damit auch das Modell einer bösen Sexualität, welches das Ich entweder ablehnt und frigide werden lässt oder mit dem es sich identifiziert und sadomasochistisch werden lässt.

Wenn sich jedoch dieses Problem mehr oder weniger erfolgreich überwinden lässt, kommt es vielleicht an anderer Stelle zu Schwierigkeiten, nämlich bei der Entwicklung des Konzepts guter Geschwister. Wenn es vorstellbar ist, dass ein guter Verkehr stattgefunden hat, gibt es in der Vorstellung auch Geschwister, die aber ausnahmslos für böse gehalten werden könnten. In diesem Fall würden alle Kollegen als verfolgend erlebt werden.

Vielleicht wirken basale Lücken dieser Art in der konzeptuellen Pyramide wie psychotische Defekte, auch wenn sie in einer ansonsten gut funktionierenden Persönlichkeit auftauchen. Aber es gibt noch eine andere und viel häufigere Form des Scheiterns: Möglicherweise gibt es bereits ein Konzept oder eine Kategorie, aber es könnte aus emotionalen Gründen misslingen zu *erkennen*, dass bestimmte Objekte ebenfalls dazugehören, sodass es schwerfällt, sich in dem betroffenen Bereich Wissen anzueignen. Wenn dann das fehlerhafte Erkennen damit einhergeht, dass das betreffende Objekt aktiv der falschen Kategorie zugeordnet wird, verschwindet das tatsächliche Unwissen unter einer Anhäufung von Fehlern.

Auch wenn zwischen Misskonzeption und fehlerhaftem Erkennen unterschieden werden sollte, weil das eine sehr viel gravierender ist als das andere, scheinen beide doch auf derselben Ursache zu beruhen. Denn die Entwicklung eines basalen Konzepts umfasst auch einen Akt des ›Erkennens‹ – einen Akt, bei dem erkannt wird, dass eine Erfahrung einer angeborenen Präkonzeption entspricht. Wenn dieser Akt misslingt, kann man von einem primären Scheitern sprechen. Wenn dagegen der Fehler darin besteht, ein weiteres Objekt nicht einer bereits bestehenden Kategorie richtig zuzuordnen, geht es lediglich um ein sekundäres Scheitern des Erkennens. Im Unterschied zu einem primären Scheitern, das mit Mechanismen wie einer massiven projektiven Identifizierung verknüpft ist, die unter dem Einfluss von Neid die Kategorie zerstört und ohnehin deren Umrisse unkenntlich macht, scheint ein sekundäres Scheitern mehr mit Verdrängung assoziiert zu sein, deren Folge eher neurotische und nicht psychotische

Denkstörungen sind. Diese können allerdings schwerwiegend genug sein – insbesondere dann, wenn der Fehler schon in einem frühen Stadium entweder bei der Entstehung der Kategorien auftritt oder bei ihrer Ausdifferenzierung.

So könnte zum Beispiel im ersten Stadium dank guter Erfahrungen mit der Brust das Konzept einer guten Brust entstehen, es könnte aber verleugnet werden, dass die tatsächliche Brust mehr als nur mittelmäßig ist. Und wenn dies mit dem Anspruch des Babys verknüpft ist, selbst das perfekte Objekt zu sein, kann man sicher davon ausgehen, dass diese ›Fehleinschätzung‹ auf der Abwehr eines schmerzhaften Neidgefühls beruht. Denn bei Patienten, deren vorrangiges Ziel es ist, Beweise für ihre Überzeugung zu sammeln, dass sie selbst brillant sind, während der Analytiker nur mittelmäßig ist, wird diese Situation in der Analyse reproduziert und kann dort untersucht werden. Ihr Neid zeigt sich nur dann, wenn der Analytiker etwas sagt, worauf sie nicht selbst gekommen wären, sodass sie nicht umhinkommen, ihm ›Brillanz‹ zuzubilligen. Die Folge könnte sein, dass sie ihm Material vorenthalten, um sicherzustellen, dass er sich nicht noch einmal als brillant erweist; damit wäre es wieder gelungen, den Anlass zu unerträglichem Neid auszuschalten. Und es bestünde nicht mehr die Gefahr, etwas ›brillant‹ zu finden, weil nichts ›Brillantes‹ mehr auftauchen kann.

Was die Ebene der Ausdifferenzierung betrifft, auf der sich das Scheitern abspielt, so wirken manche Patienten, als wäre der Erkenntnisprozess, zum Beispiel das Erkennen der Beziehung der Eltern zueinander, bereits von Anfang an im Keim erstickt worden. Bei anderen scheint ein relativ hoher Grad an Ausdifferenzierung im Unbewussten erreicht worden zu sein, aber das unbewusste ›Ideogramm‹ hat den Durchbruch in das vorbewusste oder bewusste verbale Denken nicht geschafft. Der Ödipuskomplex wird auf prekäre Weise in Schach gehalten, und schon eine geringfügige Abschwächung der Verdrängung kann ihn voll erblühen lassen. Er tauchte beispielsweise sehr plötzlich (wenn auch nicht zum ersten Mal) bei einer Patientin auf, deren Problem darin bestand, dass sie es bewusst abgelehnt hatte, ihre Mutter als eine normale Ehefrau zu betrachten, indem sie behauptete, sie sei frigide oder, wie sie es nannte, ›nicht ganz richtig im Kopf‹ [warped in mind]. Dann träumte sie eines Nachts, dass »sie zusammen mit ihrer Mutter oben im Haus war und sich ganz glücklich fühlte, bis sie entdeckte, dass die Frau in der unteren Etage (unten im Unterschied zur oberen Hälfte ihrer Mutter), die ›körperlich entstellt‹ [warped in body] war, mehrmals von einem attraktiven Liebhaber besucht worden war. Ab diesem Moment ging alles schief.« Eine alte Frau und ein kleines Mädchen sollten ermordet werden oder wurden ermordet, und Schuld war der attraktive Liebhaber – obwohl irgendwie eine Katze, die als Baby verkleidet war, verantwortlich war. In anderen Worten löste die verspätete Erkenntnis, dass die Phantasiemutter (wie immer die tatsächliche Mutter gewesen sein mag) eine geliebte und liebende Frau war und keineswegs frigide, die Mordimpulse der ödipalen Situation aus.

Die letzte der großen Schwierigkeiten, die auf dem Weg zu seelischer Reifung bewältigt werden müssen, ist das Erkennen der eigenen Ambivalenz – eine Erkenntnis, die unvermeidlich Depressionen auslöst. Deshalb werden neue Kategorien gebraucht für Objekte, die sowohl gut als auch böse sind, und dazu gehört dann die schmerzhafte Erkenntnis, dass auch das eigene Selbst zu diesen gehört. Um zu einem vollständigen Erfassen ihrer psychischen Realität zu kommen, was unweigerlich mit depressiven Gefühlen einhergeht, musste daher zum Beispiel die eben zitierte Träumerin erkennen, dass sie nicht nur das liebevolle kleine Mädchen war, das an der Brust (oben) so glücklich war, sondern dass sie auch zu der mörderischen Katze wurde, als sie entdeckte, dass sich ›im unteren Stockwerk‹ etwas Sexuelles abspielte.

Wenn diese Argumentation zutrifft, wäre es hilfreich, zwischen drei Haupthürden zu unterscheiden, die bei der Konstruktion und dem Gebrauch der konzeptuellen Pyramide zu überwinden sind, wenn es um die Entwicklung einer zutreffenden und umfassenden Pyramide aus Propositionen geht.[2] Die erste Hürde entsteht durch den Neid, der verhindert, dass bestimmte gute Konzepte überhaupt gebildet werden. Die zweite Hürde, die auf Neid oder Eifersucht zurückzuführen sein könnte, beeinträchtigt die Anwendung einer bereits entstandenen Kategorie, wenn es darum geht, zu erkennen, dass bestimmte Objekte zu ihr gehören. Erst wenn diese beiden Hürden überwunden sind, ist ein Individuum dem ganzen Schmerz und der ganzen Gewalt der mörderischen Phantasien ausgesetzt, die in bestimmten Zweier-, Dreier- und Viererbeziehungen Neid und Eifersucht

2 Also einem System, das einzelne Elemente verschiedenen Klassen zuordnet.

wecken – das heißt, als Säugling zu erkennen, dass man vollständig von der Großzügigkeit eines anderen Objekts abhängig ist, und etwas später die beiden Beziehungen zu erkennen – einmal die zwischen den Eltern und zum anderen die zwischen den Eltern und einem Geschwister – , aus denen man ausgeschlossen ist. Die dritte Hürde, die der Konstruktion von Kategorien von gut-bösen Objekten im Weg steht sowie der Erkenntnis, dass das Selbst zu einer von diesen gehört, entsteht als Abwehr gegen die Depression, die aus der Erkenntnis stammt, dass es in der inneren Welt sowohl die guten als auch die bösen Objekte sind, gegen die sich die destruktiven Impulse eines gut-bösen Selbst nur allzu effektiv gerichtet haben.

Noch ist es zu früh, einschätzen zu wollen, wie praktikabel dieses Modell der konzeptuellen und propositionalen Pyramiden mit ihren drei Ebenen und den drei Hürden, die bei ihrer Konstruktion und ihrem Gebrauch zu überwinden sind, tatsächlich ist. Zunächst einmal gefällt mir dieses Modell, weil es eine aus meiner Sicht wichtige Tatsache unterstreicht: Auch wenn eine psychische Störung in ihrer Symptomatik noch so sehr eine emotionale Störung zu sein scheint, so ist sie doch im Grunde genommen eine emotional bedingte intellektuelle Störung. Es kann sehr wohl sein, dass ein Patient zu Beginn seines Lebens unter einem Mangel an Liebe und Verständnis gelitten hat, aber wenn man ihn analytisch behandelt – also mit Injektionen aus Wahrheit, und ihm kontinuierlich diese wenig schmackhafte Diät bis zur Grenze dessen, was er aushalten kann, anbietet –, so gehen wir stillschweigend, oder auch nicht, davon aus, dass der Mangel, an dem er dann leidet, ein Mangel an Wahrheit ist. Für mein Verständnis wird dies durch das Modell der Pyramiden deutlich gemacht.

In der Praxis hat es mir geholfen, sozusagen den Ball im Blick zu behalten, mich also vor allem daran zu orientieren, wie sich die Fähigkeit eines Patienten veränderte, unangenehme Tatsachen zu ertragen. Deshalb dachte ich bei dem zuletzt erwähnten Traum meiner Patientin weniger an eine Regression im Zusammenhang mit der bevorstehenden Unterbrechung, was zumindest teilweise natürlich der Fall war, sondern an einen wichtigen Fortschritt in der Fähigkeit meiner Patientin, zu erkennen, dass ihre Mutter (für die ich in der Übertragung stand) zur Kategorie der Ehefrauen gehörte. In ähnlicher Weise habe ich, wenn in Träumen neue Konzepte auftauchten, darin vor allem einen wichtigen Fortschritt gesehen, was auch immer der übrige Kontext nahelegte. Und ich meine, dass ich dadurch auch meine Deutungen verständlicher formulieren konnte, sodass sie auch für die Patienten besser nachvollziehbar waren.

Zusammenfassend halte ich mein Pyramidenmodell für eine, wie ich hoffe, gerechtfertigte Weiterentwicklung einer der vielen fruchtbaren Ideen, die Bion in der letzten Zeit vorgestellt hat – der Idee der angeborenen Präkonzeption. Nach meinem Eindruck hat sich das auf diese Weise entwickelte Modell als hilfreich für die klinische Praxis erwiesen. Aber es bleibt noch zu untersuchen, ob es – abhängig davon, ob es den beobachteten Fakten tatsächlich entspricht – den Status einer Theorie erlangen kann. So oder so scheint es das Schicksal aller Theorien oder Modelle zu sein, dass sie irgendwann überflüssig sind und ersetzt werden. Man kann nur hoffen, dass sie wenigstens vorübergehend nützlich waren.

Einführung zu Kapitel 6

Die Arbeit *Kognitive Entwicklung* war 1968 im *International Journal of Psychoanalysis* erschienen und kann als die wahrscheinlich umfassendste Darstellung von Money-Kyrles Theorieentwicklung betrachtet werden, wie sie sich bereits in seinem Aufsatz über den *Größenwahn* (1965a) ankündigte. Es wird deutlich, wie er sich mit den Theorien Bions auseinandersetzt, dessen Buch *Elemente der Psychoanalyse* (Bion 1963) er für das *International Journal of Psychoanalysis* besprochen hatte (Money-Kyrle 1965b) und an dessen Theoriesprache er sich teilweise anlehnt, obwohl seine eigene Terminologie die Themen oftmals einfacher und klarer zur Sprache bringt.

Er beginnt seinen Aufsatz mit der Erläuterung, dass sein Interesse an der kognitiven Entwicklung in einem dritten Stadium der psychoanalytischen Theorieentwicklung entstand, als man psychische Erkrankungen nicht mehr allein als Ergebnis sexueller Hemmungen und auch nicht mehr allein als Folge eines moralischen Konflikts verstand, sondern sie als Ausdruck von »Misskonzeptionen« der Wirklichkeit zu begreifen begann.

Dies trifft natürlich nur teilweise zu. Denn tatsächlich war das Verhältnis zur Wirklichkeit bereits mehr als 40 Jahre zuvor das Thema seiner ersten philosophischen Dissertation *Beiträge zur Wirklichkeitslehre* bei Moritz Schlick in Wien gewesen (Money-Kyrle 1925), auf dessen *Erkenntnislehre* (Schlick 1925) er sich auch in der vorliegenden Arbeit bezieht. Jetzt greift er das Thema aber noch einmal unter einer anderen Perspektive auf. Denn das pathologische Über-Ich, in dem man zuvor die Ursache seelischer Erkrankungen gesehen hatte, erscheint jetzt selbst als eine solche »Misskonzeption«.

Um sich diesen Theoriesprung vorzustellen, muss man sich die Entwicklung der kleinianischen Theorie vergegenwärtigen, zu der Money-Kyrle mittlerweile selbst wichtige Beiträge geliefert hatte. Mit dem Konzept der »projektiven Identifizierung« (Frank, Weiß 2007) war ein Bereich in den Mittelpunkt des Interesses gerückt, der zugleich für die Entwicklung des »Wirklichkeitssinnes« (Ferenczi 1913) von größter Bedeutung ist, der aber auch zu ihrer Verdrehung und Verzerrung beitragen kann, dann nämlich, wenn die projizierten Elemente nicht zurückgenommen werden, sondern dauerhaft im Objekt verbleiben und mit Objektanteilen vermischt und »verklebt« werden. Dies hatten später insbesondere Donald Meltzer (1968), Herbert Rosenfeld (1971) und John Steiner (1993) herausgearbeitet, wobei Money-Kyrles Arbeit aus dem gleichen Jahr datiert wie Meltzers »Panik, Verfolgungsangst und Furcht«.

Doch wie werden überhaupt »Konzepte« der Wirklichkeit gebildet? Unter welchen Bedingungen kommen »Misskonzeptionen« zustande? Und warum ist es so schwierig, diese wieder aufzulösen und neue Konzepte zu bilden? Und schließlich: Wie können Konzepte in einem Raum-Zeit-System lokalisiert werden?

Dies sind die beiden Hauptfragen, die Money-Kyrle in seiner Arbeit angeht: Konzeptbildung und Systembildung, beide gedacht als »Aufhänger«, an denen man sowohl klinische Erfahrungen als auch psychoanalytische Theorien verorten kann. Und daraus resultiert ein weiterer zentraler Begriff seiner Theorie, nämlich derjenige der »Desorientierung«.

Bezüglich der Konzeptbildung wählt Money-Kyrle einen sehr ähnlichen Ansatz wie Bion: Konzepte gehen aus der Verbindung von ursprünglichen Begriffen, die selbst nicht anschaulich sind, mit emotionalen Erfahrungen hervor, in denen sie sich realisieren. In Hinblick auf den erkenntnistheoretischen Status der ursprünglichen Begriffe (oder Präkonzeptionen in Bions Sinn) erinnert er an den »Universalienstreit« der klassischen Philosophie von der Antike bis zur Neuzeit. Dabei geht es um die Frage, ob diese Begriffe oder Kategorien lediglich »Namen« sind, die einer Klasse von Objekten aufgrund ihrer Ähnlichkeit zugeordnet werden (Nominalismus), oder ob ihnen im Sinne einer »Bedingung der Möglichkeit von ...« ein quasi-apriorischer (oder transzendentaler) Charakter zuerkannt werden muss, wie beispielsweise in Platons Ideenlehre. Interessanterweise bezeichnet er Platons Ideenlehre als »mythischen Vorläufer« von Bions angeborenen Präkonzeptionen. Er entfaltet dann die ursprünglichen Konzepte von der Vorstellung der mütterlichen Brust, des väterlichen Penis und ihren Subdifferenzierungen bis hin zur ödipalen Situation und der elterlichen Vereinigung. Es sind sowohl äußere als auch innere Faktoren wie übermäßiger

Neid, Gier oder unbewusster Sadismus, die mit der Konzeptbildung interferieren und zu Misskonzeptionen führen. Diese sind deshalb so schwer aufzulösen, weil emotionale Barrieren ihrer Überwindung im Wege stehen und diese Misskonzeptionen auch ihrerseits eine Entwicklung durchlaufen und sich weiter differenzieren.

In diesem Zusammenhang führt Money-Kyrle den Begriff der »elementaren Lebenstatsachen« [basic facts of life] ein, den er drei Jahre später in seiner Arbeit *Das Ziel der Psychoanalyse* (Money-Kyrle 1971) weiter entwickeln wird. Ferner unterscheidet er zwischen verschiedenen Ebenen – der konkreten, bildhaften und sprachlichen –, auf denen diese Konzepte repräsentiert sein können.

Doch nicht nur die Konzeptbildung als solche, sondern auch ihre Einordnung in ein Raum-Zeit-Kontinuum sind für die innere und äußere Orientierung wichtig. In seinem Aufsatz von 1971 wird Money-Kyrle die Anerkennung der Realität der Zeit, das heißt von Vergänglichkeit und Verlust, als dritte »Lebenstatsache« einführen. Im vorliegenden Aufsatz untersucht er zunächst die verschiedenen Arten der Verwechslung und Verirrung, wenn die Orientierung an die »richtige Basis«, d.h. das gute Objekt der primären Beziehung, verlorengeht. Hierzu zählen z.B. agora-klaustrophope Ängste, wie sie Donald Meltzer zwei Jahre zuvor in seiner Arbeit *Die Beziehung der analen Masturbation zur projektiven Identifizierung* (Meltzer 1966) beschrieben hatte. Das Konzept der (inneren oder äußeren) »Desorientierung« ist eine genuine theoretische Weiterentwicklung Money-Kyrles, deren klinische Relevanz von verschiedenen Autoren (z.B. Frank 2015; 2023) aufgezeigt wurde. Es ist aber auch für das Verständnis verschiedener Formen von Über-Ich-Pathologie bedeutsam, wie sie Money-Kyrle (1965) als »innerpsychische Paranoia« und »innerpsychische Megalomanie« beschrieben hat.

In seinem Nachwort aus dem Jahr 1977 nimmt Money-Kyrle noch einmal auf die Beziehung seiner Ideen zu denjenigen Bions Bezug. Er erläutert dessen Konzept der mütterlichen *Rêverie* an einem klinischen Beispiel und ermutigt noch einmal dazu, nach den Vorläufern des menschlichen Denkens zu fragen, auch wenn diese – wie die Elementarteilchen der Physik – nicht unmittelbar beobachtbar sind.

Literatur

Bion, W.R. (1962): *Lernen durch Erfahrung*. Frankfurt a.M.: Suhrkamp 1990.

Bion, W.R. (1963): *Elemente der Psychoanalyse*. Frankfurt a.M.: Suhrkamp 1992.

Ferenczi, S. (1913): Entwicklungsstufen des Wirklichkeitssinnes. *Int. Zschr. Psychoanal. I*, 124-138.

Frank, C. (2015): »I can if I choose« – zur psychoanalytischen Orientierungsarbeit. Vortrag im Rahmen der Arbeitstagung »Über Dankbarkeit« aus Anlass des 90. Geburtstages von Edna O'Shaughnessy, gehalten am 16. Mai 2015 am Robert-Bosch-Krankenhaus, Stuttgart.

Frank, C. (2023): Intimacy and loss of orientation. In: Finkelstein, S., Weiss, H. (eds.), *The Claustro-Agoraphobic Dilemma in Psychoanalysis. Fear of Madness*. London, New York: Routledge, 150–160.

Frank, C., Weiß, H. (Hrsg.) (2007): *Projektive Identifizierung. Ein Schlüsselkonzept der psychoanalytischen Therapie*. Stuttgart: Klett-Cotta.

Meltzer, D. (1966): Die Beziehung der analen Masturbation zur projektiven Identifizierung. In: E. Bott Spillius (Hrsg.): *Melanie Klein Heute. Bd. 1*. Stuttgart: Klett-Cotta, 2. Aufl. 1995, 130–147.

Meltzer, D. (1968): Panik, Verfolgungsangst, Furcht – Zur Differenzierung paranoider Ängste. In: Spillius, E.B. (Hg.): *Melanie Klein heute. Entwicklungen in Theorie und Praxis, Bd. 1*. Stuttgart: Klett-Cotta, 3. Aufl. 2002, 288–298.

Money-Kyrle, R. (1965a): Größenwahn. In: Ders.: *Klinische Beiträge. Ausgewählte Schriften Band II*, hg v. C. Frank und H. Weiß, 75–90.

Money-Kyrle, R. (1965b): Review: W.R. Bion – Elements of Psychoanalysis. In: *Int. J. Psycho-Anal. 46*, 385–388.

Money-Kyrle, R. (1971): Das Ziel der Psychoanalyse. In: Ders.: *Klinische Beiträge. Ausgewählte Schriften Band II*, hg v. C. Frank und H. Weiß, 111–119.

Rosenfeld, H.A. (1971): Beitrag zur psychoanalytischen Theorie des Lebens- und Todestriebes aus klinischer Sicht: eine Untersuchung der aggressiven Aspekte des Narzißmus. In: E. Bott Spillius (Hrsg.): *Melanie Klein Heute, Bd. 1*. Stuttgart: Klett-Cotta, 2. Aufl. 1995, 299–319.

Steiner, J. (1993): *Orte des seelischen Rückzugs. Pathologische Organisationen bei psychotischen, neurotischen und Borderline-Patienten*. Stuttgart: Klett-Cotta, 1998.

Schlick, M. (1925): *Erkenntnislehre*. Berlin: Springer.

Kapitel 6

Kognitive Entwicklung (1968)[1]

Einleitung: Drei Stadien des Umgangs mit seelischer Erkrankung

Wie es vielleicht häufig der Fall ist, beschäftigte mich zunehmend ein Problem – in diesem Fall das Problem der kognitiven Entwicklung –, ohne dass ich wusste, warum es mich so interessierte. Einige der Gründe dafür entdeckte ich später, und im Sinne einer Einführung möchte ich umreißen, was mir der rationalste Grund zu sein scheint.

Kurz gesagt und erheblich vereinfacht, meine ich, dass mein Interesse an der kognitiven Entwicklung aufkam, als ich das dritte von drei Stadien meiner Herangehensweise an seelische Erkrankungen erreicht hatte – Stadien, die mehr oder weniger den aufeinander folgenden Einstellungen entsprachen, die in der psychoanalytischen Bewegung insgesamt ziemlich verbreitet waren.

Im ersten Stadium, vor vierzig oder fünfzig Jahren, wäre ich vor allem davon ausgegangen, dass *seelische Erkrankungen das Ergebnis sexueller Hemmungen* sind. Vielleicht trifft das weitgehend zu; aber naiv verstanden kann es zu einer sehr oberflächlichen Analyse führen. Darüber hinaus kann diese Auffassung einen Patienten sogar auf subtile Weise dazu ermutigen, an der unbewussten Überzeugung festzuhalten, seinen Ödipuskomplex nicht aufgeben zu müssen, sondern ihn mit der Hilfe seines Analytikers verwirklichen und so zum Herrscher über die Welt werden zu können.

Im zweiten Stadium, vor zwanzig bis fünfundzwanzig Jahren, wäre ich vor allem davon ausgegangen, dass *seelische Erkrankung das Ergebnis eines unbewussten moralischen Konflikts* ist. Diese Auffassung steht nicht

1 *Int. Journ. Psychoanalysis, 49,* 1968. Die Arbeit beruht auf einem Vortrag vor der British Psycho-Analytical Society bei einem Treffen am 6. Dezember 1967.

unbedingt im Widerspruch zu der vorangegangenen Auffassung, sondern ergänzt sie eher und vermittelt ein besseres Verständnis für Freuds Konzept des Über-Ichs, wenn man es durch die von Klein herausgearbeitete Komplexität der frühen Beziehung zwischen Ich und Über-Ich erweitert. Insbesondere geht es dabei darum, ein strenges Über-Ich nicht als Folge einer strengen Erziehung zu verstehen, sondern als eine ›intrapsychische Paranoia‹ (wenn ich diesen Begriff prägen darf). Das Rezept besteht dann in dem Versuch, zu erreichen, dass der Patient die Projektionen, die zu einer Verzerrung seines Über-Ichs geführt haben, zurücknimmt und wieder integriert – ein Prozess, der die depressive Position, wie Klein sie genannt hat, einleitet und ein Motiv für die depressiven Schuldgefühle ist, dank derer die Attacken auf die nun positiveren inneren Objekte gemildert werden.

Im dritten und neuesten Stadium würde ich vor allem davon ausgehen, dass der *Patient, egal, ob er nun klinisch krank ist oder nicht, unter unbewussten Misskonzeptionen und wahnhaften Verzerrungen* [delusions] leidet. Wie schon zuvor ergänzt diese Annahme die beiden anderen eher und löst sie nicht ab: Die Hemmungen des Patienten sind eine Folge seiner Misskonzeptionen, und auch sein strenges Über-Ich ist selbst eine Misskonzeption. Es ist aber nicht das Einzige. Ich habe heute oft den Eindruck, dass das tiefste Unbewusste, selbst bei anscheinend normalen Analysanden, schlicht und einfach durchsetzt ist von Misskonzeptionen, insbesondere wenn es um Sexualität geht. Wo ich zum Beispiel früher einen Traum als eine Darstellung des elterlichen Verkehrs gedeutet hätte, würde ich heute oft von einer *Missrepräsentation* dieses Ereignisses sprechen. Tatsächlich scheint jede nur denkbare Vorstellung sich im Unbewussten immer weiter auszubreiten, *nur nicht die richtige.*

Diese Misskonzeptionen der Urszene pflegte man in der Regel den äußeren Hindernissen anzulasten, die sich der kindlichen sexuellen Neugier in den Weg stellen. Aber ich bin heute überzeugt, dass das Kind, wie andere Tiere auch, von Natur aus über die Voraussetzungen verfügt, die Wahrheit zu entdecken, und dass die Hindernisse vor allem emotionale Gründe haben. In der Tat versteht man diese Hindernisse inzwischen viel besser. Ich meine sogar, dass wir kurz davor sind, den angeborenen Prozess der kognitiven Entwicklung zu verstehen, gegen den sich diese Hindernisse –

oft mit erstaunlicher Stärke – richten. (Man bedenke zum Beispiel, was Bion [1962] über den Konflikt zwischen K und –K geschrieben hat.)

Mein Ziel war es, einen Abriss der Theorie dieser Wechselwirkung (zwischen unserer Wahrnehmung der Wahrheit und dem Wunsch, sie zu verzerren) vorzustellen. Dabei stellte ich fest, dass ich sie noch erweitern könnte, indem ich unbewusste (nichtpsychotische) wahnhafte Verzerrungen [delusions] einbeziehe – insbesondere Desorientierungen – genauso wie Misskonzeptionen. Aber eigentlich habe ich nichts anderes getan, als zwei neue ›Aufhänger‹ für viele der bereits vorliegenden Theorien vorzuschlagen, und selbst diese Arbeit ist sehr unvollständig. Die beiden Aufhänger beziehen sich auf die beiden mentalen Aufgaben, die jedes neugeborene Tier zu bewältigen hat, wenn es überleben soll: den Erwerb von ein paar, wie ich meine, angeborenen und vorgegebenen Konzepten (oder Klassen) und, soweit dies nicht angeboren und vorgegeben ist, die Lokalisierung ihrer Teile in einem Raum-Zeit-System. Ich möchte nun zu erklären versuchen, was ich damit meine.

Die Bildung von Konzepten

Mein Ausgangspunkt ist Bions (1962, 1963) Idee von einer »angeborenen Präkonzeption, die auf eine Realisierung trifft und ein Konzept bildet«, sowie Schlicks (1925) Auffassung, dass der Wissenserwerb nicht im Gewahrwerden von sinnlich-emotionalen Erfahrungen besteht, sondern in der *Erkenntnis*, um was es sich jeweils handelt. Wenn dies bedeutet, zu erkennen, dass etwas zu einer Klasse gehört oder einem Konzept zugeordnet werden kann, dann sind Bions und Schlicks Vorstellungen einander ähnlich – außer dass Bion von Konzepten (oder Präkonzeptionen) ausgeht, die in gewisser Weise angeboren sind.[2]

2 Ob man diese nun als eine Art von biologischem Gedächtnis versteht oder als zerebrale Variationen und Selektion ist unter psychoanalytischen Gesichtspunkten vielleicht irrelevant. Ich selbst betrachte sie als Ergebnis von Variation und Selektion.

Natürlich gibt es dabei enorme Schwierigkeiten. Der 2000 Jahre alte Universalienstreit um allgemeingültige Begriffe gehört hierher. Auf der einen Seite stehen die Nominalisten, für die eine Klasse nichts anderes ist als die allgemeine Bezeichnung für eine Reihe von ähnlichen Objekten oder Ereignissen, vielleicht auch nur eine bequeme logische Fiktion. Auf der anderen Seite stehen die Realisten, sozusagen die Nachkommen Platons, für die eine Klasse ein im Himmel aufbewahrtes Ideal ist, an das wir immer dann erinnert werden, wenn wir eine Kopie sehen, die nicht perfekt ist. Platons Ideen könnten dann die mythischen Vorläufer für Bions »angeborene Präkonzeptionen« sein.

Die Schwierigkeit, ihr Vorhandensein zu akzeptieren, folgt meines Erachtens daraus, dass wir sie uns nicht vorstellen können. Wir können uns einen bestimmten Hund vorstellen, wir können uns einen Mischling vorstellen, der die Eigenschaften vieler bestimmter Hunde in sich trägt; aber dies ist nichts anderes als eine Art visuelles Symbol oder ein Name für das Konzept ›Hund im Allgemeinen‹, das wir uns nicht vorstellen können.

Wenn es sie denn gibt, dann ist eine angeborene Präkonzeption etwas, das wir anwenden, ohne es uns vorstellen zu können. Für mich hat es einige der Merkmale eines Wortes, das wir vergessen haben. Uns fallen dann verschiedene Wörter ein, die wir ohne zu zögern verwerfen, bis uns das richtige Wort einfällt, das wir sofort erkennen. Für mich ist es das, was Bion unter einem »leeren Gedanken« versteht. Es ist darüber hinaus etwas, das, auch wenn wir es uns nicht vorstellen können, analog zu einer Form beschrieben werden kann, die auf einen Inhalt wartet. Wir können hypothetisch von ihrer Existenz ausgehen und aus dieser Annahme eine Theorie entwickeln und dann sehen, ob die so entwickelte Theorie passt und dazu beiträgt, Phänomene zu erklären, die wir in der Psychoanalyse beobachten.

Soweit unser bisheriges Wissen reicht, besteht die erste angeborene Präkonzeption, die in einem Neugeborenen wirksam ist, wahrscheinlich in einer Brust oder einer Brustwarze. Genauer gesagt einer guten und einer bösen Brust, da die gegensätzlichen Emotionen Liebe und Hass vermutlich von Anfang an die Präkonzeption prägen. Die beiden Klassen – negativ definiert als eine Klasse, die ausschließt, was nicht frustriert, und eine andere, die ausschließt, was nicht befriedigt – umfassen ein weites Spektrum: Eine Reihe von Objekten könnten als Teile einer Klasse *erkannt* werden (oder könnten sich, in Bions Begriffen, mit ihnen paaren). Aber was auch immer als erstes in dieser Weise erkannt wird – eine bestimmte Brust oder Flasche, die in einer bestimmten Art und Weise angeboten wird –, scheint die Klasse einzuengen. Ein Erinnerungsbild des ersten auf diese Weise erkannten Teils fungiert wie eine Art Name für diese Klasse; da dieser aber analog zu einer lautmalerischen Bezeichnung ist, begrenzt er, was außerdem als Teile dieser Klasse erkannt werden könnte, auf Objekte, die ihm ziemlich ähnlich sind. Jedenfalls kann das Baby nun nur durch die gute Brust befriedigt werden, die es zuvor erlebt hat, und nicht durch eine Alternative, die es befriedigt hätte, wenn sie ihm als erste angeboten worden wäre. Eine Klasse, die durch ein Erinnerungsbild repräsentiert wird, das als Name fungiert, ist ein Konzept. Es unterscheidet sich von einer angeborenen Präkonzeption dadurch, dass es aus einer Paarung einer angeborenen Präkonzeption mit einer Realisierung (Bion) entsteht, oder, was auf dasselbe hinausläuft, aus dem ursprünglichen Akt, etwas als Teil einer angeborenen Klasse zu erkennen. Der Prozess wäre dann derselbe, den Verhaltensforscher beobachten und als ›Prägung‹ bezeichnen.

Parallel zur Entwicklung des Konzepts einer Brust, oder genauer gesagt, einer Brustwarze, können wir noch vor der Entwicklung eines Konzepts davon ausgehen, dass es etwas gibt, das eine Brustwarze aufnimmt oder enthält, also einen Mund – obwohl man sich vorstellen kann, dass die ›psychische Strömung‹ [psychic flow]‹ beide Richtungen nimmt. Aus diesen beiden Konzepten scheinen alle, oder fast alle, der großen Anzahl der von uns verwendeten Konzepte durch Teilungs- und Kombinationsprozesse (Spaltung und Integration) hervorzugehen.[3] Darüber hinaus habe ich stark den Eindruck, dass der nächste Schritt bei der Konstruktion einer Reihe grundlegender Konzepte nicht nur von einer äußeren Erfahrung abhängt, sondern bereits angeboren und festgelegt ist. Die ursprüngliche angeborene Präkonzeption der guten und der bösen Brust (oder Brustwarze) scheint eine spontane Differenzierung zu durchlaufen, wobei andere angeborene Präkonzeptionen aus ihr hervorgehen – insbesondere die eines

3 Indem ich »Brustwarze« und »Mund« als die beiden primitivsten Konzepte heranziehe, möchte ich nicht die Möglichkeit ausschließen, dass sie ihrerseits aus noch primitiveren Konzepten hervorgegangen sind oder dass wir irgendwann vielleicht in der Lage sind, die Psychologie des sich entwickelnden Fötus zu rekonstruieren.

guten und eines bösen Penis. Wenn dies zutrifft, wird das Konzept Mund entsprechend differenziert in Mund und Vagina. Oder eine Präkonzeption Mund differenziert sich weiter in Präkonzeptionen von Mund und Vagina und führt zu einer entsprechenden Differenzierung des Konzepts von einer Brustwarze. Der genaue Ablauf muss außerordentlich komplex sein; aber meine Erfahrung mit Patienten, denen diese Differenzierungen in ihrer frühen Kindheit nicht gelungen waren und die jetzt anfangen, sie in Träumen in der Analyse zu machen – ein Penis, der sich von einer Brustwarze differenziert, eine Vagina von Mund und Anus, und so weiter – haben mich überzeugt, dass das, was ich hier zu beschreiben versuche, normalerweise in irgendeiner Form in den ersten postnatalen Monaten abläuft.

Wenn man wie ich davon ausgeht, dass weitere von Geburt an festgelegte Differenzierungen innerhalb der beiden grundlegenden angeborenen Präkonzeptionen in den ersten paar Monaten des postnatalen Lebens stattfinden und dass zudem ein zivilisiertes Umfeld Objekte bereithält, die als Teile der verschiedenen so gebildeten Klassen zu erkennen sind, dann muss man annehmen, dass ein Baby in der Lage ist, rasch die grundlegende Struktur all der elementaren Tatsachen des Lebens [facts of life] zu erfassen. Insbesondere sollte es fähig sein – wenn auch noch nicht ganz so wie Erwachsene –, die Beziehung zwischen seinen Eltern zu erfassen und auch wie andere und mit ihm rivalisierende Babys zustande kommen. Ich meine sogar, dass das Baby, wenn es nicht vorbewusst diese Tatsachen versteht, bevor es etwa sechs Monate alt ist, sie nie begreifen wird und auch sein erwachsenes Sexualleben nicht normal sein wird – jedenfalls nicht ohne eine lange Analyse.[4]

Bion hat psychotische Mechanismen beschrieben, durch die das Entstehen von Konzepten von Anfang an behindert wird, sodass der ›Gedanke‹ eines abwesenden Objekts – ursprünglich die Brust – nicht gebildet werden kann, was Denken unmöglich macht. Mich beschäftigen hier die weniger

4 Die genaue Datierung früher Entwicklungsstadien, die in der Analyse rekonstruiert werden, wird noch zusätzlich erschwert, weil Teile des Selbst, zum Beispiel ein oraler Anteil, der abgespalten ist und keine emotionale Entwicklung durchläuft, doch in der Lage zu sein scheint, Wissen zu erwerben, das zu späteren Perioden gehört, zum Beispiel der ödipalen, was retrospektiv das ödipale Element in der oralen Phase intensivieren könnte.

ausgeprägten Störungen, die zur Verzerrung von Konzepten führen, ohne dass die Konzeptbildung selbst beeinträchtigt wird; vielmehr werden die Konzepte verzerrt, um vor allem dem Ödipuskomplex ausweichen zu können. Dabei scheint ein Teil der sich entwickelnden Persönlichkeit die Tatsachen des Lebens zu begreifen, die Schmerzen des Ödipuskomplexes zu erleiden, die damit einhergehenden Schuldgefühle zu bewältigen und sich mit der Beziehung der Eltern auszusöhnen, sie zu internalisieren und reifer zu werden, während andere Persönlichkeitsanteile unwissend und retardiert bleiben. Ziemlich oft erlangt kein Teil diese Art kognitiver Reife. Ein Individuum, in dem alle Anteile diese Reife erlangt haben, existiert nur als Ideal einer kognitiven Normalität, dem niemand gänzlich entspricht.

Die Gründe für dieses teilweise Scheitern lassen sich in Freuds Arbeit »Formulierungen über die zwei Prinzipien des psychischen Geschehens« (1911) nachlesen. Dem Säugling, oder einem Teil von ihm, gelingt es nicht zu *erkennen*, was für ihn unerträglich ist. Vielleicht ist es ihm ursprünglich nicht gelungen, das Teilstück einer angeborenen Klasse zu erkennen, sodass sich das entsprechende Konzept nicht bilden konnte. Ein entscheidender Begriff im Vokabular des Denkens fehlt. Auf diese Weise könnte primärer Neid, wie ihn Klein (1957) beschrieben hat, verhindern, dass sich das Konzept einer guten Brust entwickelt. (Dagegen scheint sich das Konzept einer bösen Brust immer zu bilden.) Oder wenn das Konzept doch gebildet wird, könnte Neid dazu führen, dass später die zugehörigen Teile nicht erkannt werden. Daher könnte ein Patient zwar das Gefühl haben, dass es gute Analytiker (Brüste) gibt, nur würde der Analytiker (die Brust), den er hat, dieser Vorstellung fast nie entsprechen. Häufiger scheint es vorzukommen, dass das Erkennen, oder Wiedererkennen, eines guten Penis nicht gelingt, vermutlich wegen der quälenden Eifersuchts- und Neidgefühle, die dieses Erkennen wecken würde. Dies lässt sich jedoch vermeiden, wenn das Kind sich in der Täuschung wiegt, dass dieses Objekt ihm zugeteilt wurde, aber nicht seinen Rivalen. Eine ähnliche Schwierigkeit scheint die Bildung des Konzepts einer guten Vagina zu beeinträchtigen, obwohl es immer das Konzept einer bösen Vagina gibt, einer Vagina, die kannibalistische Ziele verfolgt und/oder mit einem ›Sphinkter-Sadismus‹ ausgestattet ist.

Psychoanalytisch zu beobachten, wie ein ›kognitiv retardierter‹ Patient anfängt, in Träumen die fehlenden Konzepte zu entwickeln – Penis und

Vagina getrennt von Brustwarze und Mund und die Weiterentwicklung in ein Konzept des elterlichen Verkehrs usw. – bestätigt diese Theorie ziemlich gut. Aber die Theorie muss noch erweitert werden, damit eine weitere Beobachtung dazu passt. Solchen Patienten werden derartige Konzepte nicht plötzlich in einer Weise bewusst, die es ihnen ermöglicht, ihre verzögerte sexuelle Entwicklung nachzuholen. Das gelingt vielleicht später. Nach meiner Erfahrung tauchen die neuen Konzepte zunächst am ehesten in einer Form auf, die man als ›Traum-Ideogramme‹ bezeichnen könnte. Diese Ideogramme wiederum scheinen oft Vorläufer in Form körperlicher Manifestationen zu haben, die manchmal hypochondrisch wirken. Zum Beispiel traten bei einem meiner Patienten vorübergehend leichte Ikterusanfälle auf, denen eine körperliche Empfindung vorausging, die an eine psychosomatische Verengung des Gallengangs denken ließ, die im Wechsel mit Träumen auftrat oder durch sie ersetzt wurde, Träume, die in Gestalt einer Einengung an ödipale Angriffe auf eine frühe Teilobjektrepräsentanz des elterlichen Verkehrs erinnerten. Die Verknüpfung war für den Patienten zunächst überzeugender als für mich. Aber es wirkte tatsächlich so, als stellte der Ikterus ganz konkret die ödipale Phantasie dar, die später ideographisch im Traum dargestellt wurde. Auf mich wirkte die ganze Episode wie der physiologische Ausdruck der von Segal (1957) entdeckten Regel, dass »symbolische Gleichsetzungen« insbesondere in Träumen der Anwendung von Symbolen als einer primitiven Form des darstellenden Denkens vorausgehen – das heißt, dass Bilder zur Darstellung von Objekten und Situationen benutzt werden, die in diesem Moment sensorisch nicht wahrnehmbar sind.

Um zu diesen Beobachtungen zu passen, muss die Theorie der Entwicklung von Konzepten erweitert werden und nicht nur das Anwachsen und den Umfang der Konzepte einschließen, sondern auch das Wachsen jedes einzelnen Konzepts im Verlauf von mindestens drei Stadien: ein Stadium der konkreten Darstellung, das genau genommen überhaupt keine Darstellung ist, weil nicht zwischen der Darstellung und dem dargestellten Objekt oder der dargestellten Situation unterschieden wird; ein Stadium der ideographischen Darstellung wie in Träumen; und einem letzten Stadium des bewussten, vor allem verbalen Denkens. (Diese Stadien haben meiner Ansicht nach eine gewisse Ähnlichkeit zu Bions [1962] viel ausführlicherer

Liste dieser komplexen Entwicklung. Aber meine kürzere Liste soll vor allem auf die unterschiedlichen Stadien im Grad des Bewusstseins verweisen und nicht so sehr auf die Stadien der komplexen Entwicklung.)

Um auf meine ursprüngliche Annahme zurückzukommen, dass das *Erkennen* der elementare Akt in der kognitiven Entwicklung ist, meine ich, dass eine erfolgreiche Entwicklung von zwei Formen des uneingeschränkten Erkennens abhängt: erstens dem Erkennen der Anteile der angeborenen Präkonzeptionen, und zweitens dem Erkennen emotionaler Erfahrungen und zwar auf einer bewussten Ebene als Anteile von Konzepten, die bereits auf einem niedrigeren Niveau entwickelt wurden. Oder anders ausgedrückt: Wenn man von einem bestimmten Objekt, zum Beispiel dem Penis des Vaters, ausgeht, von dem eine gedankliche Vorstellung gebildet werden muss, damit konzeptuelle Reife (und eine normale Sexualität) erreicht wird, vertrete ich die Auffassung, dass die Entwicklung dieses Gedankens normalerweise drei Stadien durchläuft: konkrete Identifizierung, unbewusste ideographische Repräsentation, bewusste, überwiegend verbale Repräsentation. Wenn das letzte Stadium zwar theoretisch erreicht wird, aber die beiden anderen nicht durchlaufen wurden, scheint das so erreichte Konzept für die emotionale Entwicklung unbrauchbar zu sein.

Aber dieselben emotionalen Hindernisse, die von vornherein gegen die Konzeptbildung wirksam sind, behindern auch die Weiterentwicklung von einer mentalen Ebene zu einer anderen. Wenn kein Konzept zur Verfügung steht, um einen Akt des Erkennens zu vervollständigen, wird das Erkennen in der Regel durch eine Misskonzeption ersetzt.

Einige dieser Überlegungen möchte ich anhand eines Beispiels deutlich machen, das bereits in einer früheren Arbeit zitiert wurde (im *British Psycho-Analytical Society's Scientific Bulletin)*. Eine Frau, die immer behauptet hatte, dass ihre Mutter »nicht ganz richtig im Kopf« [*warped in mind*] sei, womit ›frigide‹ gemeint war, träumte, dass sie ›oben im Haus‹ zusammen mit ihrer Mutter glücklich war, bis sie plötzlich entdeckte, dass die Frau in der unteren Etage, die durch eine Krankheit »körperlich entstellt« [warped in body] war, einen attraktiven Liebhaber empfing. Ab diesem Moment ging alles schief. Die Ermordung einer alten Frau und eines kleinen Mädchens passierte gerade oder stand kurz bevor. Der Verdacht galt dem attraktiven Liebhaber; aber irgendwie schien »eine Katze, die sich als Baby verkleidet hatte, verantwortlich zu sein«. Wenn man darauf die Begriffe der Theorie der Konzepte anwendet, kommt man zu folgenden Schlussfolgerungen: Das Baby-Selbst der Träumerin hatte auf der ideographischen Ebene ein Konzept einer guten Brust und war in der Lage, sich selbst als eine zu *erkennen*, die sich daran erfreute (oben im Haus in einer glücklichen Stimmung). Sie hatte nie, oder hatte es verloren, auf derselben Ebene ein Konzept eines guten elterlichen Verkehrs gehabt. Wenn doch, hatte sie sich geweigert, den Verkehr ihrer eigenen Eltern als ein Beispiel dafür zu *erkennen* (die Frau in der unteren Etage, also die untere Hälfte ihrer Mutter, war ›entstellt‹ oder frigide). Aber im Traum taucht diese erschütternde *Erkenntnis* für einen Moment auf (zu ihrer Überraschung empfängt die Frau in der unteren Etage einen attraktiven Liebhaber). Sie hat ein Konzept einer mörderischen Eifersucht, kann aber diesen Zustand nicht bei sich selbst *erkennen*. Vielmehr projiziert sie ihn in ihren Vater (den attraktiven Liebhaber, von dem sie glaubt, er ermorde die alte Frau und das kleine Mädchen, ihre Mutter und sie selbst). So tritt eine Misskonzeption des elterlichen Verkehrs als eines mörderischen Angriffs an die Stelle der zutreffenden Auffassung.

Es ist sehr klar, dass diese Projektion einer mörderischen Eifersucht sie – mehr als tatsächliche Streitigkeiten zwischen ihren Eltern – daran gehindert hatte, entweder ein Konzept eines guten elterlichen Verkehrs zu entwickeln oder zu erkennen, dass ihre eigenen Eltern sich daran erfreuten. Ihre Eltern führten anscheinend eine glückliche Ehe, sodass das Missverständnis sowohl unter dem Druck einer angeborenen Präkonzeption als auch ihrer eigenen Erfahrung zustande gekommen war. Und doch erkennt ein Teil von ihr den Mörder zutreffend als Teil ihres Baby-Selbst, die Katze. Doch wird dies sofort abgespalten und projiziert – als Abwehr der depressiven Position.

Aufbau von Systemen

Um nun zum zweiten der neuen Aufhänger für alte Theorien zu kommen: Das Baby musss nicht nur eine Reihe grundlegender Konzepte in Form von Begriffen entwickeln, in denen es die ›facts of life‹ erkennen kann, sondern darüber hinaus ihre Anteile in einem Raum-Zeit-System unterbringen. Nun ist ein System schon für sich genommen ein komplexes Konzept, aber es erscheint mir sinnvoll, die beiden Aufgaben getrennt zu behandeln, da sich die Rolle der Triebregungen in diesem Zusammenhang fundamental unterscheidet. Wenn grundlegende Konzepte aus angeborenen Präkonzeptionen hervorgehen, kann nur die durch eine angeborene Neugier stimulierte Erfahrung ihre Anteile in einem Raum-Zeit-System lokalisieren.

Dabei sind zwei Hauptsysteme zu bedenken: eines, das die Außenwelt repräsentiert, in der wir uns zurechtfinden müssen, und ein anderes, das ursprünglich eine Internalisierung dieses Systems ist und sich zu einem unbewussten System der Religion und Moral entwickelt.

Auch hierzu hat Bion (1965) psychotische Mechanismen beschrieben, die das Gefühl für Zeit angreifen, sodass sich kein Raum-Zeit-System bilden kann. Mich beschäftigen hier die weniger gravierenden Störungen, die zu unterschiedlichen Formen der ›Desorientierung‹ führen – ein Begriff, der für mich ein weites Spektrum an Phänomenen umfasst. Wesentlich für das Gefühl der Orientierung in jedem dieser Systeme ist, dass es eine Grundlage hat, das O der Koordinatengeometrie. Das scheint normalerweise nicht das Körper-Ich zu sein, sondern etwas, an dem sich das Körper-Ich als seinem ›Zuhause‹ orientiert. Die erste Grundlage, von der sich alle anderen ableiten, ist das erste Objekt, das aus dem Sinnesdurcheinander des Neugeborenen auftaucht, nämlich die Brust oder vielleicht genauer die Brustwarze. Die ersten der sich entwickelnden Raum-Zeit-Aufteilungen sind dreifach: eine Periode des Sich-Erfreuens (gefüttert werden), eine Periode des Sich-Erinnerns (gefüttert worden zu sein) und eine Periode der Erwartung (gefüttert zu werden). Denn dies lässt sich aus der Art und Weise ableiten, wie sich viele Patienten an genau diesem dreifachen Modell im Umgang mit ihren täglichen Sitzungen orientieren.

Die Fähigkeit, eine latente Erinnerung an das System der Außenwelt beizubehalten, scheint von der Fähigkeit abzuhängen, die Basis hierfür zunächst in sehr konkreter Form zu internalisieren. Eine Patientin, die die analytische Brust vergessen wollte, träumte, dass sie »sich einer Operation unterziehen musste, bei der eine kleine Geschwulst auf ihrem Kopf, die wie eine Brustwarze aussah, entfernt werden sollte«. Um vergessen zu können, musste sie also die innere Brustwarze konkret entfernen lassen. Ich nehme an, dass das Gefühl, das verlorene Objekt konkret in sich zu haben, ein notwendiger Vorläufer für sein unbewusstes Ideogramm und letztlich seine bewusste verbale Repräsentanz ist. Im Traum wird das konkrete Stadium ideographisch dargestellt. Obwohl vieles noch sehr unklar und die Trennlinie nur schwer genau zu bestimmen ist, muss die Unterscheidung zwischen den Innenwelt- und den Außenweltsystemen mit der Unterscheidung zwischen dem konkreten, prä-repräsentierenden Denken in Begriffen von ›inneren Objekten‹ zusammenhängen sowie einem bestimmten Stadium des repräsentierenden Denkens.

Sowohl innerlich wie äußerlich leichter nachzuverfolgen ist die Entwicklung der Ausgangbasis, also von der Brust oder Brustwarze zur Mutter als einer ganzen Person und dann zu dem vereinigten Elternpaar, der Vorstellung eines Zuhauses, eines Landes, zu dem man gehört, und so weiter. So lange die innere und die äußere Beziehung zu diesen Begriffen erhalten bleibt, verlieren wir nie die Orientierung und bleiben insoweit von akuten Angstanfällen verschont. Aber die Orientierung an der Ausgangsbasis kann aus vielerlei Gründen leicht verloren gehen. Ich meine damit jetzt nicht, wie die gute Basis ›böse‹ werden kann, weil das Baby seine eigene Aggression in sie projiziert, sodass sie als böse missverstanden wird. Abgesehen davon kann die Orientierung an der guten Basis in mindestens dreierlei Weise verloren gehen: Das Baby kann, entweder aus Neid oder um einer verfolgenden Außenwelt zu entkommen, durch eine umfassende projektive Identifizierung darin aufgehen; es kann sich an der falschen Basis orientieren, in dem Sinn, dass es nicht diejenige ist, die es eigentlich braucht; oder es kann in seiner Orientierung verwirrt werden, weil seine Basis mit einem Teil seines eigenen Körpers verwechselt wird.

Ich möchte versuchen, für jede dieser Situationen ein Beispiel anzuführen. Die erste – die wahnhafte Vorstellung, selbst die Basis zu sein – haben Rosenfeld (1965) und andere in ihrer extremen Ausgestaltung in der Psychose untersucht, wenn der Patient völlig verwirrt ist und zwischen sich und dem Analytiker nicht mehr unterscheiden kann. Weniger ausgeprägt lässt sich derselbe Mechanismus in den ›egozentrischen‹ oder ›geozentrischen‹ Zuständen erkennen, wenn es jemandem nicht vollständig gelingt, die wahnhaften Vorstellungen des primären Narzissmus hinter sich zu lassen. Die normale oder gesunde Lösung besteht in der Anerkennung des eigenen Kleinseins sowie einer dankbaren Abhängigkeit, die mit der Entwöhnung zu Ende geht und die Internalisierung des verlorenen guten Objekts bewirkt.

Manche Menschen jedoch, insbesondere wenn ihre tatsächlichen Fähigkeiten und ihr tatsächlicher Erfolg ihrer Selbsttäuschung Nahrung geben, halten daran ein Leben lang fest. Das sind dann die narzisstischen Männer oder Frauen, die ihr Leben in der projektiven Identifizierung mit dem idealisierten Penis des Vaters oder der idealisierten Brust der Mutter verbringen. Viel häufiger ist es, dass Patienten (oder, bis zu einem gewissen Grad, alle Analysanden) das Gefühl haben, durch eigenes Scheitern diesen glückseligen Zustand verloren zu haben. Unbewusst verfolgen sie analytisch das Ziel, diesem Zustand nicht zu entwachsen, sondern ihn wiederherzustellen. Zum Beispiel träumte eine Frau, dass sie »auf einer Couch lag (wie in der Analyse); aber statt selbst einen Analytiker zu haben, hatte sie einen Patienten, der im rechten Winkel zu ihr lag, mit seinem Kopf nahe an ihrem. Aber dann ärgerte er sie, indem er versuchte, ihr das Kissen wegzuschnappen«. Wenn man, wie ich meine zu Recht, annimmt, dass ihr ›Patient‹ im Traum eigentlich ihr Analytiker war, erinnert die Position ihres Kopfes und Mundes, nahe am Kopf des Analytiker-Patienten, der im rechten Winkel zu ihr lag, doch sehr daran, dass die Erfahrung, analysiert zu werden, eine Erinnerung ihres Baby-Selbst wachrief, an der Brust zu liegen. Aber diese Erfahrung ist so schmerzhaft und beschämend, dass sie umgekehrt wird. Sie ist es, die den Analytiker füttert (analysiert). Anders ausgedrückt ist der Traum ein Versuch, unter der Herrschaft des Lustprinzips die Realität zu leugnen, die nichtsdestotrotz die unbewusste Selbsttäuschung zu durchbrechen droht; der Analytiker beansprucht das Kissen für sich – das heißt, er behauptet, die Brust zu sein. In ähnlicher Weise träumte eine andere Patientin »von einer Indianerin, die sich sehr sexy auf einem Hügel entblößte«. Es gab kaum Zweifel an der Vorstellung, dass die Indianerin für die verführerische braune Brustwarze stand. Aber die Patientin erkannte in ihr einen abgelehnten Aspekt ihrer selbst, das heißt, sie selbst ist die Brustwarze. Oder eine weitere Patientin träumte, dass »sie bei ihrem Thema bleibt und dem kleinen Professor, der die Vorlesung halten soll, keine Beachtung schenkt«. Sie hat den Platz der Brustwarze eingenommen und ihm eine untergeordnete Position zugewiesen. (Ich weiß, dass diese Deutung ohne weitere Anhaltspunkte wenig überzeugend klingt. Aber meine Annahme, dass ich der »kleine Professor« war, der letztlich für die Brustwarze stand, basierte auf dem Gesamteindruck, den ich von der Patientin über eine lange Zeit hinweg gewonnen hatte. Wir waren zum Beispiel beide überzeugt, dass sie als Baby sehr befriedigend gestillt worden war, aber sie ärgerte sich über die ihrer Meinung nach dominante Art ihrer Mutter, sie zu versorgen. In den meisten ihrer Beziehungen passte es ihr nicht, wenn sie nicht die Rolle des ›Senior-Partners‹ spielte, und so war es, davon bin ich überzeugt, bereits in ihrer ersten Beziehung zur Brust gewesen.)

Eng verwandt mit der wahnhaften projektiven Identifizierung mit der Brust oder Brustwarze der Mutter ist die wahnhafte projektive Identifizierung mit dem Penis des Vaters. Zum Beispiel träumte ein Mann, dass »ein bewunderter älterer Mann auf einer Bühne ein schwieriges Kunststück aufführte, dass darin bestand, in einem Winkel von 45 Grad zu stehen und mit seinem Kopf Feuer zu produzieren. Verwirrt entdeckt der Träumer, dass durch die Hosen des Darstellers die Spitze eines Kinderpenis zu sehen ist. Das Feuer wird mit einer ungeheuren Anstrengung produziert, scheint aber unzulänglich zu sein.« In anderen Worten hat der Baby-Junge seinen Baby-Penis in den Vater projiziert, um das Kunststück des Geschlechtsverkehrs vorzuführen. Tatsächlich aber degradiert die Projektion die Aufführung in ein unzulängliches Urinieren.

An anderer Stelle (1965) habe ich die Auffassung vertreten, dass die gesamte menschliche Rasse in unterschiedlichem Ausmaß unter der Wahnvorstellung gelitten hat, projektiv mit ihren Müttern und Vätern als Teil- oder Ganzobjekte identifiziert zu sein, seit sie begonnen hat, Kleidung zu tragen; zwar nicht aus Gründen der Wärme oder Schamhaftigkeit, sondern weil sie ihre Tiergötter nachahmen wollte, indem sie sich deren Häute überzog. Amtskleider, Uniformen, Kleidung, die einen bestimmten Status zum Ausdruck brachten; der Status an sich als eine unsichtbare Bekleidung diente dem Zweck, die Fiktion aufrechtzuerhalten, dass wir identifiziert sind mit Personen, die wir unbewusst für etwas Besseres halten, also Eltern (auf einem Teil- oder Ganzobjektniveau), die wir sehr bewundern und deshalb beneiden.

Es ist aber klinisch wichtig, noch zwischen weiteren Motiven für eine projektive Identifizierung zu unterscheiden. Zum Beispiel ging es bei einer Patientin zunächst um Neid und später um Angst, nachdem sie ihr Kleinsein akzeptiert hatte. Sie hatte Angst bekommen vor einem älteren Kollegen, dem sie früher wahrscheinlich mit Verachtung begegnet wäre. Dann träumte sie, dass »sie in einen Schlafsack kroch (den sie mit mir assoziierte), um sich in einem Atomkrieg vor dem atomaren Niederschlag zu schützen (den sie mit der ätzenden Kritik assoziierte, die sie von diesem älteren Kollegen befürchtete)«.

Um nun zu dem Gefühl zu kommen, sich an der falschen Ausgangsbasis zu orientieren: Sie kann nur dann im epistemologischen im Unterschied zum ›moralischen‹ Sinn ›falsch‹ sein, wenn die Wahl darauf beruhte, dass jemand verwirrt war und nicht wusste, was gebraucht und was gesucht wurde. ›Falsche Orientierungen‹ sind nicht leicht von verwirrten zu unterscheiden. Die zuvor erwähnte Patientin, deren Traum, sich die operative Entfernung einer wie eine Brustwarze geformten Beule an ihrem Kopf zu wünschen, als der Wunsch gedeutet wurde, sich die Erinnerung an die Brustwarze wegoperieren zu lassen, schien sich damals vor allem am Penis ihres Vaters zu orientieren. Dies zeigte sich zum Beispiel in ihrer Behauptung, dass sie einen Ehemann brauche und nicht einen Analytiker, der für eine Brust stand – obwohl ihre Träume und Symptome regelmäßig ihre große Sehnsucht nach diesem ersten Objekt verrieten. Anders ausgedrückt orientierte sie sich vor allem am falschen Objekt.

Die Orientierung an einem falschen Objekt ist das Hauptthema in Meltzers Arbeit »The relation of anal masturbation to projective identification« [(1966), dt.: Die Beziehung der analen Masturbation zur projektiven Identifizierung (2002)], in der der Autor den inneren Zustand eines Babys beschreibt, das nach dem Füttern auf einem Topf sitzen gelassen wird, sich über seine Mutter ärgert und sich auf folgende Weise mit ihr verwechselt: In dem Versuch, einen Ersatz für die Brust zu finden, über die es sich ärgert, identifiziert es unbewusst seine Pobacken mit der Brust und sich mit seiner Mutter, sodass es unbewusst nicht weiß, was die Brust ist und was sein Hinterteil und ob es seines ist oder ihres. Die Beschäftigung mit dem Inhalt seines Rektums (Fäzes oder Finger) könnte das Gefühl hervorrufen, hineinzugelangen, ähnlich wie in der neidischen projektiven Identifizierung mit der Brust, nur dass es dieses Mal um die Verwechslung einer Brust mit einem Hinterteil geht, in das das Baby hineingelangt. Letztlich entsteht dabei wahrscheinlich ein klaustrophobisches Gefühl, das oft in Träumen zum Ausdruck kommt, in denen sich jemand in einer feindlichen Stadt oder einem Gebäude verloren fühlt, das von Feinden bedroht wird, während er verzweifelt nach einem Ausweg und einem Zufluchtsort sucht (der verlorenen Brust). Der Traum einer anderen Patientin, in dem es allerdings um ein Missverständnis geht und die Wünsche der Mutter Schuld an der Verwechslung sein sollen, liefert ein weiteres Beispiel: »Sie sieht eine Frau auf einem Balkon (sieht die Brust) und fragt sie, wie sie dahinkommt. Die Frau macht eine Geste, die sie so versteht, als befände sich hinter ihr eine Tür. Sie geht durch diese Tür, verirrt sich aber in diesem Hinterhaus.« In anderen Worten missversteht sie die Einladung ihrer Mutter, zu der Balkon-Brust hinaufzulangen und geht in ihrem eigenen Hinterteil verloren, das sie auch mit dem ihrer Mutter verwechselt.

Bei der Diskussion des Raum-Zeit-Systems bin ich bis jetzt nur auf die Beziehung zur Basis eingegangen. Aber es ist natürlich gleichzeitig etwas, in das alle anderen Orientierungen an sekundären Figuren passen müssen, seien es nun Selbstanteile oder Geschwister. Verwechslungen mit derartigen sekundären Objekten kommen häufig vor. Darüber hinaus gibt das System, obwohl es primär ein Raum-Zeit-System ist, auch die mechanischen und psychologischen Eigenschaften der in ihm vorhandenen Objekte wieder. Aber die dabei auftretenden Irrtümer gehören zu dem Bereich der bereits erwähnten Fehleinschätzungen, bei denen die falschen Objekte den falschen Kategorien zugeordnet werden.

Bevor ich weitergehe, möchte ich noch etwas zu dem religiösen und moralischen System in der inneren Welt sagen. Dessen Grundlage ist natürlich das Über-Ich, häufiger jedoch eine Reihe nicht sehr gut integrierter Über-Ich-Formen, die sich wiederum in unterschiedlichen Entwicklungsstadien befinden, die von sehr primitiven bis zu ganz ausgefeilten Formen reichen. Nun sind in der inneren Welt dieselben Mechanismen wirksam, die in der äußeren Welt zu Misskonzeptionen und Fehleinschätzungen [delusions] führen. Insbesondere kann Aggression intrapsychisch vom Ich in das Über-ich projiziert werden und archaische Formen bilden. Sie sind also das Produkt einer ›intrapsychischen Paranoia‹. Und das Ich kann sich selbst ganz und gar in eine bewunderte und beneidete innere Figur projizieren und so einen ›intrapsychischen Größenwahn‹ hervorrufen. Alternativ gibt es auch das Gefühl der dankbaren Abhängigkeit von einem guten und weisen inneren Mentor. Jede dieser Formen und viele weitere sind mit einer charakteristischen Moralvorstellung verknüpft. Nach meinem Eindruck haben ethische Relativisten außer dem Vorurteil noch einen weiteren Grund übersehen, warum sie die zuletzt erwähnte Alternative bevorzugen: Sie unterliegt viel weniger dem Einfluss von Mechanismen, die die Wahrheit verzerren.

Abschließend möchte ich beschreiben, wie ich selbst die Theorie einschätze, die ich darzulegen versucht habe. Wie ich schon am Anfang dieser Arbeit gesagt habe, geht es nicht um eine neue psychoanalytische Theorie, sondern um zwei theoretische Aufhänger für viele der bereits vorhandenen Theorien, sodass sie besser aufeinander abgestimmt und dem Gedächtnis leichter zugänglich wären. Ich weiß, dass meine Theorie unvollständig ist. In Teilen ist sie etwas verworren und vielleicht auch widersprüchlich. Aber mir selbst hilft sie bereits, in Sitzungen das zu erkennen, was analytisch wichtig ist: erstens, die Orientierung eines Patienten an mir als Basis seiner inneren und äußeren Welt, und zweitens, inwieweit er in der Lage ist, all die Objekte in *seinem* Raum-Zeit-System tatsächlich zu erkennen oder aber falsch zu verstehen. Ich stelle mir deshalb die mögliche Entwicklung einer Art psychoanalytischer Geometrie und Physik vor, mit der man die wechselnden wahren und falschen Überzeugungen eines Patienten über seine Beziehung zu Objekten und deren Beschaffenheit in *seinen* inneren und äußeren Welten darstellen könnte. Analytiker sollten, woran Bion uns zu Recht erinnert, lernen, die Angst vor dem Kontakt mit dem Unbekannten auszuhalten. Denn je besser ihre Theorie ist, desto leichter ist es für sie, ihre Verwirrung hinter sich zu lassen, sie zu erkennen und den Patienten erkennen zu lassen, wo er von der Wahrheit abweicht.

Eine derartige Theorie bis an die Grenze ihrer Brauchbarkeit zu entwickeln, ist offensichtlich ein langfristiges Projekt. Ich weiß nicht, wie viel weiter ich damit noch kommen werde; aber ich würde gerne andere dafür gewinnen, daran weiterzuarbeiten.

Literatur

Bion, W. (1962): Learning from Experience. London: Heinemann. Dt.: Lernen durch Erfahrung. Frankfurt a. M.: Suhrkamp, 1990.

Bion, W. R. (1963): Elements of Psycho-Analysis. London: Maresfields Reprints, Karnac Books, 1984. Dt.: Elemente der Psychoanalyse. Frankfurt: Suhrkamp, 1992.

Bion, W. R. (1965): Transformations. London: Heinemann. Dt.: Transformationen. Frankfurt a. M.: Suhrkamp, 1997.

Freud, S. (1911): Formulierungen über die zwei Prinzipien des psychischen Geschehens. GW 8, 230–238.

Klein, M. (1957): Envy and gratitude. In: Dies., The Writings of Melanie Klein, Bd. III, eds. R. Money-Kyrle, B. Joseph, E. O'Shaughnessy und H. Segal. London: Hogarth Press, 1975. Dt.: Neid und Dankbarkeit. Eine Untersuchung unbewußter Quellen. In: Dies., Gesammelte Schriften, Bd. III. Hg. von R. Cycon. Stuttgart: frommann-holzboog, 2000, 279–368.

Meltzer, D. (1966): The relation of anal masturbation to projective identification. Int. J. Psycho-Analysis 45, 246-53. Dt.: Die Beziehung der analen Masturbation zur projektiven Identifizierung. In: E. Bott Spillius (Hg.): Melanie Klein Heute, Bd. 1, Stuttgart: Klett-Cotta, 3. Aufl. 2002, 130–147.

Money-Kyrle, R. (1965): Megalomania. Amer. Imago, 22.

Rosenfeld, H. (1965): Psychotic States: A Psycho-Analytical Approach. New York: International Universities Press, 1965. Dt.: Zur Psychoanalyse psychotischer Zustände. Frankfurt: Suhrkamp, 1981.

Schlick, M. (1925): Erkenntnislehre. Berlin: Springer.

Segal, H. (1957): Notes on symbol-formation. In E. B. Spillius (ed.): Melanie Klein Today, vol. 1, London (Routledge) 1988. Dt.: Bemerkungen zur Symbolbildung. In: E. B. Spillius (Hg.): Melanie Klein Heute, Bd. 1, München und Wien: Verlag Internationale Psychoanalyse, 1990.

Postskriptum (1977)[5]

Die Inspiration für diese 1968 veröffentlichte Arbeit entstammt überwiegend und ganz klar Bions Theorie der angeborenen Präkonzeptionen. In diesem Postskriptum möchte ich darüber hinaus auf seine Theorie der ›Reverie‹ eingehen, also auf die Fähigkeit der Mutter, ihrem Kind bei der Überwindung einiger der ersten Hindernisse zu helfen, die sich seiner normalen kognitiven Entwicklung in den Weg stellen.

Um mit etwas zu beginnen, was Bion einen ›Mythos‹ nennen würde, also eine Theorie in Form eines Narrativs: Angenommen, ein sehr kleines Baby nimmt immer deutlicher wahr, dass etwas Unbekanntes fehlt, das aber für sein Wohlbefinden unabdingbar ist (oder dass etwas Unbekanntes und Unerträgliches präsent ist, oder beides, das heißt, wenn es die Brust braucht, damit der Hunger verschwindet), und dass seine Wahrnehmung das Ausmaß akuter Angst erreicht. Seiner Mutter stehen vielleicht drei Reaktionen zur Verfügung: Sie könnte möglicherweise die Panik des Babys gar nicht erkennen (selbst wenn sie in der Nähe ist), sie könnte selbst in Panik geraten, oder sie könnte in ihrer Reverie mit dem Gefühl reagieren, dass das arme Baby ganz unnötig in einer vollkommen sicheren Situation in Angst geraten ist. In diesem Fall vermittelt sich ihr Mitgefühl und ihre fehlende Angst ziemlich sicher dem Baby, das dann vielleicht zu dem Gefühl zurückkehrt, dass ihm, ganz ohne Angst, etwas fehlt oder abgenommen werden muss. Und wenn die Mutter es dann füttert, ihm die Windeln wechselt oder es auf den Topf setzt, könnte es ihm dabei helfen herauszufinden, was ihm Angst gemacht hat. Darüber hinaus könnte man davon ausgehen, dass einige Wiederholungen dieser Art von Sequenz ihm helfen könnten, zu erkennen, was es braucht oder loswerden muss, ohne seine Panik zu projizieren.

Mehr noch meine ich, dass das Baby bald anfangen wird, eine containende ›Brust-Mutter‹ zu internalisieren, die jede Art von Krisen in sich aufnehmen und über sie nachdenken kann, sodass es lernen könnte, selbst über Krisen nachzudenken und sie rational zu verarbeiten, statt sich in

5 Aus der *Festschrift for W. R. Bion.* J. Grotstein (Hg.). New York: Aronson, 1978.

ihnen ›im Kreis zu drehen‹, eine Gefahr, in der sich manche von uns ein Leben lang befinden.

Vielleicht ist noch etwas erwähnenswert: Abgesehen von anderen Charakterzügen, die der Mutter ermöglichen könnten, ihrem Baby bei seinen ersten Denkschritten zu helfen, könnte die Fähigkeit ihrer eigenen Mutter, ihr in dieser Weise zu helfen, als sie selbst ein Baby war, eine wichtige Rolle gespielt haben – und so weiter *ad infinitum*.

Auch wenn Bion nicht will, dass seine Konzepte der α- und β-Elemente mit Bedeutung gesättigt werden, könnte man doch überlegen, inwieweit sie in den erwähnten ›Mythos‹ passen. Zunächst ist die projizierte Panik ein β-Element, das sich lediglich für Projektionen eignet, während das einem α-Element entsprechende Gewahrwerden eines Bedürfnisses dasselbe Element ist, nur dass es mit Sicherheit und nicht mit Panik verknüpft ist, also aufbewahrt und erinnert werden kann. Letztlich könnte das Wissen um das, was gebraucht wird, durch eine angeborene Präkonzeption gestützt werden oder auch nicht. Wenn es um das Bedürfnis geht, gestillt zu werden, besteht fast sicher eine angeborene Präkonzeption einer Brust und Brustwarze, die sich mit der Realisierung einer tatsächlichen Brust paart. Wenn es aber um das Bedürfnis geht, frisch gewickelt oder auf den Topf gesetzt zu werden, ist zu bezweifeln, ob es eine spezifische Präkonzeption gibt oder ob es generell um eine Brust-Mutter geht, die alle Bedürfnisse befriedigt.

Um nun die Theorie an einer klinischen Erfahrung zu überprüfen: Eine meiner Patientinnen (die etwas über Bions Theorie gehört haben könnte, wenn auch nicht von mir) träumte, dass sie versuchte, piksige Tannennadeln aufzufegen und in eine Schachtel zu legen. Aber die Schachtel war nicht dicht und die Tannennadeln blieben nicht drin. Dann gab ihr eine ältere Frau (eine mütterliche Figur, die ihr empfohlen hatte, sich wegen einer Analyse an mich zu wenden) eine Tragetasche, die sie in die Schachtel legen konnte, damit die Nadeln drinblieben. Die mütterliche Figur sagte dann: »Nun kannst du dich mit den Anderen füttern lassen.« Bei meiner Deutung dachte ich, dass die Tannennadeln für schmerzhaft stechende Tränen standen, die sich nur für eine Projektion eigneten. Die Schachtel, bei der ich an ihr Baby-Selbst dachte, konnte sie nicht halten; aber die mütterliche Frau hatte ihr eine Tragetasche gegeben (mich als eine psychoanalytische Brust), mit der es gelang. Vielleicht wurde ich als jemand erlebt, der das β-Element der verfolgenden Tränen über die böse Brust in ein α-Element der depressiven Tränen über die abwesende oder verletzte ›Nicht-Brust‹ verwandelt hatte. Denn danach konnte sie sich wie die Anderen von ihr füttern lassen, was wahrscheinlich bedeutete, sich an eine Brust ›erinnern‹ zu können, von der sie früher befriedigt wurde und die sie nur im Moment nicht erlebte.

Es wird klar geworden sein, dass der Traum auch eine primäre introjektive Identifikation wiedergibt; denn die Brust-Tragetasche, die die schmerzhaften Tränen halten konnte, wird internalisiert und in das undichte Schachtel-Selbst gelegt. Und wenn ich recht habe, ist es das, was in einer normalen Entwicklung abläuft: Der Säugling findet eine Brust, in die er hineinweinen kann, eine Brust, die ihm seine Verzweiflung in einer entgifteten Form zurückgibt, die aufbewahrt und gegebenenfalls als ein Element des Denkens erinnert werden kann. Mehr noch, auch der Container, ursprünglich die Brust, die die β-Elemente als α-Elemente zurückgegeben hat, wird internalisiert.

Es könnte sein, dass in dem eben beschriebenen Fall die undichte Schachtel, in welche die Tragetasche gepackt wurde, die tatsächliche mütterliche Brust repräsentierte, die nach Melanie Kleins Auffassung das erste Introjekt und der Kern des Ichs ist. Denn es gibt einige Hinweise, dass die tatsächliche Mutter depressiv war, als meine Patientin ein Säugling war, sodass sie vielleicht eine Brust internalisierte, die Trauer oder andere schmerzliche Gefühle nicht gut containen konnte. So oder so meine ich, dass die Tragetasche in der Schachtel, die ihr die mütterliche Frau gegeben hatte, für mich als Analytiker stand, der natürlich unter viel günstigeren Bedingungen arbeitete.

Wenn aus irgendeinem Grund – dem Neid des Babys auf die gute Brust oder seiner Gier oder der Unfähigkeit der Mutter zur ›Reverie‹ – die frühen Projektionen nicht von einem Container aufgenommen werden, der sie containen und zusammen mit einem containenden Selbst zurückgeben kann, kommt es zu all den Effekten, deren Zustandekommen Bion beschrieben hat. Die Projektionen werden immer bizarrer und umstellen den Psychotiker wie ein Gefängnis.

Wenn aber der erste Schritt gelingt, internalisiert das Baby meines Erachtens eine Brust mit einer zweifachen Funktion: die nährende Brust, mit der uns Melanie Klein vertraut gemacht hat und eine Art Toiletten-Brust, die das enthält, was projiziert wurde. Ist sie erst einmal internalisiert, könnte sie sich später zu dem entwickeln, was Freud als das Vorbewusste bezeichnet hat, in dem alles ist, was in diesem Moment nicht gebraucht wird, aber zugänglich bleibt. Die Schwierigkeit, die uns manchmal bei der Suche danach begegnet, ist ein neurotisches Problem.

Es wird deutlich geworden sein, dass meine Argumentation vor allem von Bions Arbeiten beeinflusst ist. Ich bin keineswegs sicher, dass meine Ausführungen mit dem übereinstimmen, was Bion meint; ich bin nicht einmal sicher, dass sie in sich selbst konsistent sind. Ziemlich sicher sind sie es nicht, da ich entdeckt habe, dass der Versuch, zu genau zu sein, einen unweigerlich in Widersprüche verwickelt. Aber ich bin recht sicher, dass der Versuch, eine Theorie über das zu entwickeln, was man an Vorläufern des Denkens beobachtet, genauso berechtigt ist wie der Versuch in der Physik, eine Theorie über die unsichtbaren und immateriellen Moleküle, Atome und elektrischen Teilchen zu entwickeln, aus denen, wie man annimmt, das materielle Universum aufgebaut ist.

Abschließend könnte ein Hinweis angebracht sein, dass Arbeiten wie die von Bion ganz nebenbei auch zur Lösung weiterer Probleme beitragen könnten wie etwa der Frage, ob eine Psychose oder die Intelligenz ererbt ist. Wenn Bion recht hat, bezieht sich der angeborene Faktor bei einer Psychose auf Gier und/oder Neid und nicht auf einen spezifischen Defekt in der Konstruktion des seelischen Apparates an sich. Und was die Intelligenz angeht, kann niemand, der unter dem Einfluss von Darwins *Die Entstehung der Arten* und *Die Abstammung des Menschen* aufgewachsen ist, ernsthaft bezweifeln, dass die Intelligenz bis zu einem gewissen Grad angeboren ist. Aber wenn Bion recht hat, gilt auch hier, dass die Mutter eine fundamentale Rolle dabei spielt, wie das Kind zu denken lernt. Wie gut oder schlecht dies gelungen ist, lässt sich wahrscheinlich kaum noch verändern und kann deshalb leicht für angeboren gehalten werden.

Kapitel 7

Rückblick und Ausblick[1]

Als ich zum ersten Mal hörte, dass unser wissenschaftlicher Ausschuss meiner Arbeit einen Abend widmen wollte, fühlte ich mich geehrt und auf eine Weise dankbar, die vielleicht nur ein anderer alter Mann verstehen kann. Außerdem war ich überrascht, denn obwohl ich mir oft insgeheim etwas eingebildet hatte auf das, was ich geschrieben hatte, so haben mir doch einige der frühen Rezensionen klargemacht, dass Andere nicht immer meiner Meinung waren.

Schon der Ausdruck ›meine Arbeit‹ erschien mir seltsam, denn vieles von dem, was ich geschrieben hatte, unterscheidet sich doch sehr von der üblichen Arbeit eines Analytikers, wenn er im Material eines Patienten neue Tatsachen entdeckt, für die eine veränderte Deutung erforderlich zu sein scheint, und dann feststellt, dass sie auch auf andere Patienten zutrifft und die Theorie bereichert (z.B. Mrs Klein). Meine sogenannte ›Arbeit‹ erschien mir als eine Reihe von Beiträgen, die ich zwar zunächst für brillant und originell hielt, nur um dann häufig entdecken zu müssen, dass ich sie oft Anderen zu verdanken hatte, weil ich die Ideen von zwei oder mehr Autoren kombinierte – oder anders ausgedrückt, von ›inneren Eltern‹. Aber es gibt beträchtliche Unterschiede zwischen allem, was ich vor und was ich nach dem Zweiten Weltkrieg geschrieben habe.

Wenn ich versuche herauszufinden, wie ich damit umgehen soll, was heute Abend ›meine Arbeit‹ genannt wird, ist es vielleicht interessanter,

1 Zuerst veröffentlicht in *Int. Rev. Psycho-Anal.*, (6):265–272, 1979. R. E. Money-Kyrle, PhD, wurde am 31. Januar 1898 geboren. Aus Anlass seines achtzigsten Geburtstags veröffentliche der Roland Harris Educational Trust seine ›Collected Papers‹ einschließlich einer Sonderausgabe, die auf 50 Exemplare begrenzt war. Eine Auflistung seiner Veröffentlichungen findet sich ab Seite 156. Die vorliegende Arbeit stellte Roger Money-Kyrle am 1. November 1978 vor der British Psychoanalytical Society vor.

sie nicht einfach zusammenzufassen, sondern zu analysieren, aus welchen Beweggründen ich sie überhaupt schreiben wollte – dabei gehe ich relativ oberflächlich vor und ohne mich selbst zu sehr zu exponieren.

Wenn ich an die Anfänge denke, erinnere ich mich an die Zeit, als ich etwa sechs Jahre alt war und ein älterer, idealisierter Cousin mir zeigte, wie man mit einer Garnspule, einem Nagel und einem alten Bleistift eine Drehbewegung in eine Hin- und Herbewegung umwandeln konnte. Dies löste meinen ersten Ehrgeiz aus, originell zu sein, oder zumindest den ersten, an den ich mich erinnere: Ich wollte ein Flugzeug erfinden – vermutlich einen Ornithopter –, mit anderen Worten war ich wohl projektiv mit meinen Teilobjekt-Eltern identifiziert. Dieser Ehrgeiz begleitete mich für viele Jahre und trug zweifellos zu meiner Entscheidung bei, im Ersten Weltkrieg dem Fliegerkorps beizutreten. Und tatsächlich baute ich im Alter von zehn Jahren einen Segelflieger für Jungen, der weder vorne noch hinten stabil war – wahrscheinlich war das das einzig Originelle daran – und glücklicherweise beim ersten Versuch, ihn abheben zu lassen, am Boden zerschellte.

Mit sechzehn habe ich vielleicht wirklich etwas Originelles erfunden. Ich wusste, dass sich Phosphor bereits bei einer niedrigen Temperatur entzündet, und nahm an, dass ein Geschoss diese Temperatur erreicht, wenn es den Lauf eines Gewehres oder Maschinengewehres passiert. Ich ›erfand‹ also das Leuchtspurgeschoss zur Bekämpfung von Zeppelinen – während ich am ersten Sonntag des Krieges in der Kirche saß –, eine ziemlich scheußliche Erfindung, wenn man sie ernst nimmt. Mir wurde gesagt, dass meine Erfindung gegen die Haager Konvention verstoße. Deshalb dachte ich nicht weiter darüber nach, bis mich drei Jahre später ein derartiges Geschoss ins Bein traf.

Während ich im Krankenhaus lag, las ich einmal, dass das Auge ein Nachbild für eine Zehntelsekunde bewahrt, was mich auf die Idee brachte, dass man durch das Scannen eines Bildschirms für eine Zehntelsekunde und unter Verwendung von Selenzellen ein telegrafisches oder sogar drahtloses Bild projizieren könnte. Auch auf diese Überlegung bildete ich mir wieder viel ein, weil ich – wahrscheinlich fälschlicherweise – glaubte, dass noch niemand vor mir auf die Idee gekommen war. Mit anderen Worten, ich war damals ein junger Mann mit dem intensiven Wunsch, etwas Neues zu erfinden oder zu entdecken. Und natürlich war Einstein der Mann, den ich mehr als jeden anderen bewunderte und beneidete.

Nach dem Krieg ging ich aus Frankreich nach Cambridge und kam dort mitten in einem Studienjahr und einem Semester an. Aber bald stellte ich fest, dass alles, was ich an Mathematik und Physik in der Schule gelernt hatte und für ziemlich gut hielt – ich hatte sogar einen Schulpreis für Physik gewonnen –, nicht ausreichte, um mich auch nur ansatzweise auf einen Tripos[2] vorzubereiten. Und doch kehrte ich nach vielen Jahren, in denen ich in Wien einen PhD und einen weiteren in London erworben hatte und außerdem einige Zeit bei Ernest Jones und Freud in Analyse gewesen war, zurück nach Cambridge und machte einen speziellen Abschluss für Leute, die beim Militär gedient hatten. Und als ich mich nach der Verleihung der Urkunde vor dem Vizekanzler von den Knien erhob, murmelte mein alter Tutor Lapsley: »Nun haben sie also doch noch einen ehrenwerten Mann aus Dir gemacht.«

In der Zwischenzeit hatten sich meine Interessen noch vor meinen Analysen und zweifellos, weil es mir nicht gelungen war, ein Mathematik- oder Physikstudium mit Auszeichnung abzuschließen, in Richtung Philosophie und Psychologie verlagert. Aber ich hegte auch den Verdacht, dass es, selbst wenn es den Physikern gelänge, wie viele von ihnen wohl immer noch hofften, ihre Wissenschaft auf ein einfaches mechanistisches System zu reduzieren, dahinter noch etwas Ultimatives geben musste. Also las ich die englischen Philosophen Locke, Berkeley, Hume und Bertrand Russell, die meine Sichtweise beeinflussten und mir auch sehr dazu verhalfen, ein prägnantes und klares Englisch zu schreiben. Außerdem hatte ich geheiratet, und meine Frau, die einen B.Sc. in Anthropologie erworben hatte, gab später ihre Wissenschaft mit der Begründung auf, sie habe nach der Geburt unserer vier Söhne genug Wilde um sich, die sie studieren könnte, ohne noch woanders hingehen zu müssen.

Die nächsten drei oder vier Jahre verbrachten wir in Wien, und wahrscheinlich könnte man sagen, dass ›meine Arbeit‹ dort begann, denn mein sehr bewunderter Lehrer, Professor Moritz Schlick, ließ eine Zusammenfassung meiner Dissertation unter dem Titel *Belief and Representation*

2 Anm. der Übers.: Tripos ist die Bezeichnung für einen bestimmten Studiengang und -abschluss in Cambridge.

(1927) veröffentlichen, enttäuschte mich aber sehr, weil er in einem kurzen Vorwort anmerkte, dass er die Veröffentlichung aus verschiedenen sekundären Gründen empfehle, obwohl sie »prinzipiell nichts Neues enthalte«. Aber diese Worte waren, obwohl sie die Eitelkeit eines jeden erschüttert hätten, der so gerne originell sein wollte, zweifellos sehr gut für mich, genauso gut wie meine Analyse bei Ernest Jones und Freud.

Ein mir freundlich gesinnter Kritiker sagte, ich solle diesen Abschnitt über Wien ausführlicher gestalten und vor allem schreiben, ob ich vor allem wegen Schlick und der Philosophie dort war oder wegen Freud und der Psychoanalyse – und vor allem sollte ich beschreiben, wie Freud war.

Nun, ich muss ohne zu erröten zugeben, dass mein Doktortitel so etwas wie eine Tarnung für die Psychoanalyse war, obwohl ich mich wirklich für die Philosophie des Positivismus interessierte. Die Begegnung mit Schlick verdankte ich einem glücklichen Zufall; ich hatte nie zuvor von ihm gehört, und obwohl ich dachte und immer noch meine, dass er tatsächlich ein brillanter und charmanter Mann war, galt ihm zweifellos viel von der positiven Übertragung, die in der Analyse bei Freud nicht zum Ausdruck kam. So kam es, dass wir unter dem Einfluss meiner Frau, die kein bisschen schüchtern war und sich in akademischen Kreisen sehr wohlfühlte, bald näheren Kontakt zu Schlick und seiner Familie hatten. Und Schlick wiederum genoss es, soweit es angesichts der damaligen ärmlichen Verhältnisse in Wien möglich war, einige seiner Schüler wie zum Beispiel Weitzman und Feigl, mit denen ich mich ebenfalls angefreundet hatte, zu bewirten – leider habe ich inzwischen den Kontakt zu ihnen verloren.

Nun zur zweiten Frage: »Wie war Freud«? Zunächst einmal sah er nicht aus wie ein Arzt oder ein Professor, denn er trug keine Nadelstreifenanzüge. Er trug Tweed-Anzüge, und ich fand, er sah genauso aus wie ein englischer Gentleman vom Land aus dieser Epoche! Außerdem war er ganz offensichtlich ein Mann von großer Integrität und im Grunde freundlich, obwohl ich mich ein bisschen vor ihm fürchtete. Und wenn ich Ihnen sage, dass ich meinen Vater, der einige Jahre zuvor gestorben war, ganz ähnlich hätte beschreiben können, werden Sie mir vielleicht zustimmen, dass die Art und Weise, wie ein Patient seinen Analytiker schildert, wohl immer von der Übertragung beeinflusst wird.

Vielleicht ist es gut, sich daran zu erinnern, wie die gängige Einstellung zur Analyse in dieser Zeit war. Bevor ich nach Wien ging, hatte ich bereits achtzehn Monate Analyse bei Ernest Jones gemacht. Ich war ein Patient, der die Angewohnheit hatte, immer zu früh zu seinen Terminen zu erscheinen, und seine Sprechstundenhilfe pflegte ins Wartezimmer zu kommen und mich anzuflehen, diesen Unsinn zu lassen. Ähnlich ging es mir bei meinem Hausarzt, bei dem ich immer noch wegen einer gelegentlichen Sepsis in Behandlung war. Er ergänzte seine Ausführungen gern mit Hinweisen auf dunkle Geheimnisse in Ernest Jones' Privatleben. Und unser eigener Pfarrer hielt meiner Frau und mir in der Kirche eine Predigt gegen die ›Cycloanalyse‹! Ich glaube, ich habe Ernest Jones lange nichts von seiner Mitarbeiterin erzählt – vermutlich kam es mir vor, als würde ich ›ihm zu nahetreten‹.

In Wien trafen wir einige Leute aus Oxford und Cambridge, die fast alle später berühmt wurden und mehr oder weniger heimlich in Analyse waren. Und ich habe erst viele Jahre später erfahren, dass ein Halbonkel meiner Frau, Fellow und Dozent am Trinity College in Cambridge, einen langen Sommerurlaub damit verbracht hatte, mit James Glover durch Europa zu reisen, während er bei ihm Analyse machte und Glover gleichzeitig bei Abraham in Analyse war. Erinnerungen an die peripatetische Schule in Athen im 3. Jahrhundert v. Chr. werden wach! Übrigens habe ich in Gesprächen mit Schlick vor meiner Abreise nie die Psychoanalyse erwähnt, aber später entdeckt, dass er großes Interesse daran hatte, das Thema aber nie von sich aus ansprach.

Ich bin nach Freuds Technik gefragt worden, und ich kann nur sagen, dass sie im Wesentlichen genau so war, wie sie heute ist – wenn auch etwas weniger streng; er wich gelegentlich davon ab, Übertragungsdeutungen zu geben. Aber das kam so selten vor, dass ich mich nur an zwei Gelegenheiten erinnern kann: Er verdeutlichte einen Punkt über die Urszene mit einem Beispiel aus der Behandlung einer anderen Patientin und fügte hinzu: »Sie würde Ihnen gefallen. Sie ist eine Prinzessin.« Vielleicht wollte er damit andeuten, dass er mich für einen Snob hielt, und natürlich wusste ich sehr bald, wer sie war. (Ich bin inzwischen überzeugt, dass sie diese Episode bereits selbst veröffentlicht hatte.) Das andere Beispiel war, dass er mich ins Nebenzimmer mitnahm und mir seine Euchaptis zeigte. Er erklärte mir, dass ihre Farbe verblasst war, weil sie ausgegraben worden war – wie Relikte aus dem Unbewussten. Ein anderer Punkt war, dass ich am Ende meiner Analyse intensiv um meinen Vater trauerte, der zehn oder zwölf Jahre zuvor gestorben war. Ich habe oft gedacht, es war wie in einer Analyse, an deren Ende man die ›depressive Position‹ wiedererlebt oder vielleicht sogar zum ersten Mal erlebt.

Ich kann noch erwähnen, dass die ersten zwei oder drei Krebsoperationen Freuds in die Zeit fielen, als ich bei ihm in Analyse war. Und ich erinnere mich, dass ich entsetzlich deprimiert war, den Zusammenhang aber nicht erkannte, und ich glaube nicht, dass er mich darauf hingewiesen hat. Ich habe auch nicht viel Erinnerungen an den *frühen* Ödipuskomplex, der für Melanie Klein so wichtig war. Klinisch gesehen war der wichtigste Unterschied, dass es Freud immer noch vor allem darum ging, *Erinnerungen* an traumatische Erfahrungen wachzurufen, und nicht darum, die aktuellen Komplikationen des Unbewussten zu verstehen und sie dann bis zu ihrem Ursprung zurückzuverfolgen.

Ein Freund hat mich auch nach Ernest Jones gefragt. Ihn habe ich später sehr bewundert als einen Mann mit einer sehr hohen und sehr genauen Intelligenz, der immer die richtige Entscheidung traf und der mir, wenn ich so sagen darf, ein sehr zuverlässiger Freund wurde. Aber als Patient habe ich mich nicht sofort zu ihm hingezogen gefühlt. Anders als Freud sah er wie ein Arzt aus – vielleicht sah er, wie ich mich später erinnerte, aus wie unser Hausarzt, dem ich als Kind bedingungslos vertraute, bis er mir, als ich etwa vier Jahre alt war, plötzlich den Hals aufschnitt – um eine geschwollene Mandel zu entfernen. Ich erinnere mich auch an meine merkwürdig zwiespältige Einstellung zu Beginn meiner Analyse: Was er sagte, musste wahr sein, weil er es sagte, aber ich glaubte ihm kein Wort. Das heißt, ich musste einen Ödipuskomplex haben und konnte ihn gleichzeitig nicht haben. Ein weiterer Punkt war, dass er damals, 1920 bis 1921, sehr wenig sprach, manchmal in einer Sitzung überhaupt nichts sagte.

Aber, wie ich bereits sagte, habe ich ihn später sehr zu schätzen gelernt, und ich vermisste seinen festen und unparteiischen Standpunkt bei den Sitzungen nach dem Zweiten Weltkrieg sehr.

Um auf die Zeit zurückzukommen, als wir nach drei oder vier Jahren in Wien wieder zurückkehrten und feststellen mussten, dass Wiener Universitätsabschlüsse in England nicht viel galten. Also erwarb ich einen weiteren Doktortitel in Anthropologie bei Professor Flugel. Mit dieser ›Arbeit‹ war kein oder fast kein Anspruch auf Originalität verbunden, aber sie war, glaube ich, ein wirklich ernsthaftes Stück Arbeit – ob sie aber heute noch viel zählt, außer vielleicht unter historischen Gesichtspunkten, weiß ich nicht. Auf jeden Fall wurde sie unter dem Titel *The Meaning of Sacrifice* (1930) veröffentlicht, und dazu angeregt hatte mich Freuds *Totem und Tabu.*

Meine nächste Arbeit (1928a) mit dem Titel »The Psycho-Physical Apparatus – An Introduction to a Physical Interpretation of Psycho-Analytic Theory« war behavioristisch, nur dass ich sie nicht als Ersatz für eine rein psychologische Theorie betrachtete, sondern als eine Parallele zu ihr. Und ich muss gestehen, dass dieser akribische Versuch, eine psychologische in eine physiologische oder mechanistische Theorie zu übertragen, mir jetzt sehr langweilig vorkommt. Aber meinem Freund Frank Ramsay hat sie gefallen, und das hat mich ermutigt. Vielleicht sollte ich an dieser Stelle erwähnen, dass ich zu dieser Zeit eine ganze Reihe hochintellektueller Freunde hatte, von denen ich viel mehr lernte, als ich jemals aus Büchern gelernt habe. Das habe ich zum Teil meiner Frau zu verdanken, die in Oxford aufgewachsen und buchstäblich von Dons (Dozenten) umgeben war, als ich sie das erste Mal sah.

In der Zwischenzeit war ich, unterstützt durch Ernest Jones, zum assoziierten Mitglied der British Psychoanalytical Society gewählt worden, hatte aber nicht die Zulassung, als Psychoanalytiker zu praktizieren. So zog ich mich aufs Land zurück, wo ich mich unter dem Einfluss eines anderen Freundes, Keith Innes, dem Direktor für Bildungsfragen in Wiltshire und verstorbener Fellow of Trinity, in einer Reihe von Aktivitäten im Zusammenhang mit Bildung und anderen Themen engagierte. Übrigens war es Keith, der Susan Isaacs dazu brachte, mit den Lehrern von Wiltshire Kontakt aufzunehmen. Aber die Arbeit in Komitees war nie nach meinem Geschmack, und ich glaube, ich war auch nicht sehr gut darin. In dieser Zeit, also immer noch vor dem Zweiten Weltkrieg, verfasste ich einige Arbeiten und Essays (1928b, 1929, 1930, 1931a, 1931b, 1932a, 1932b, 1933a, 1933b, 1934a, 1934b, 1934c, 1936), oft, weil man mich darum bat und ohne dass ich mich heute noch dafür interessiere – weil Wissenschaft nie statisch ist, sondern sich immer weiterentwickelt.

Da es in einer Radiosendung und einem Aufsatz, die ich damals schrieb, um den Krieg ging (1934b, 1937), wurde ich gefragt, ob ich den Krieg hätte kommen sehen. Nun, zufällig war ein anderer Freund von mir, Arthur Yenchen – der auch ein Half-Blue im Tennis in Cambridge war – Erster Sekretär an der Britischen Botschaft in Berlin. Er lud mich 1932 ein, zusammen mit ihm eine Rede Hitlers zu hören, kurz bevor dieser Kanzler wurde, und danach war uns beiden klar, dass Hitler nur mit Gewalt gestoppt werden könnte und dass eine Appeasement-Politik aussichtlos war.

Aber Chamberlain rief lediglich Arthurs Chef, Sir Horace Rumbolt, zurück, um sich berichten zu lassen. (Ich habe meine Gefühle bei Hitlers Rede 1941 in einem meiner Aufsätze beschrieben.)

Bei einer späteren Gelegenheit, aber noch lange vor dem Anschluss Österreichs, skizzierte Arthur mir den gesamten Verlauf des künftigen Krieges, mit Ausnahme vielleicht der norwegischen Episode. Arthur wurde später erschossen, als er auf dem Weg zu seinem neuen Posten als Minister in Madrid war.

Zu der Frage, ob ich den Zweiten Weltkrieg vorhergesehen habe, meine ich, dass ich mir nicht vorstellen konnte, dass wir erst nach München mit einer gewaltsamen Reaktion drohen würden. Bald danach nahm ich an einer Sitzung eines Unterausschusses des Educational Committee of the Wiltshire County Council teil – ich glaube, es waren etwa 20 bis 30 Personen –, und der Vorsitzende eröffnete die Sitzung mit der Bemerkung, dass wir jetzt die Pläne für die Evakuierung von Kindern beiseitelegen könnten. Ich konnte mir die Bemerkung nicht verkneifen, dass nach meiner Einschätzung der Krieg jetzt sehr viel wahrscheinlicher geworden sei. Ich kann mich noch gut an das eisige Schweigen erinnern, mit dem dieser unwillkommene Gedanke aufgenommen wurde.

Jedenfalls war ich in meinem damaligen Umfeld nicht sehr glücklich. Als dann John Rickman mich zu überreden versuchte, bei Mrs Klein wegen einer Lehranalyse anzufragen, ging ich sofort darauf ein und wurde kurz vor Beginn des Zweiten Weltkriegs von ihr angenommen. Es kam zu einer ca. einjährigen Unterbrechung nach Kriegsausbruch, aber ich hatte das Glück, ins Luftfahrtministerium versetzt zu werden, sodass ich die Arbeit im Stab mit der Analyse verbinden konnte.

In der Zwischenzeit war ich an das R.A.F. Staff College versetzt worden, das zusammen mit den entsprechenden Stellen bei der Marine und beim Heer die beste Schule für englisches Schreiben sein oder gewesen sein muss, die man sich denken kann. Man brachte uns bei, Beurteilungen und klare und prägnante Briefings zu schreiben, das heißt, Hunderte von Seiten der Erkenntnisse aus dem eigenen Fachgebiet auf sechs maschinengeschriebene Seiten zusammenzufassen, die für den völlig überlasteten Chef alles Wesentliche enthalten mussten. Ich hatte einen Chef, der rasend schnell meine sechs Seiten in einer halben Minute aufnehmen, mich fünf Minuten dazu befragen konnte und dann zu einer Besprechung auf höchster Ebene mitnahm, bei der er besser Bescheid wusste als jeder andere.

Ich komme nun zu einer kriegsbedingten Unterbrechung von fünf oder sechs Jahren. Nach Kriegsende und nachdem ich sechs Monate bei dem German Personnel Research Branch (G.P.R.B.) in Deutschland verbracht hatte – darüber habe ich auch eine Arbeit geschrieben (1951b) –, hatten meine Analyse bei Mrs Klein, die Tatsache, dass ich inzwischen selbst als Analytiker praktizierte, sowie der Krieg nicht nur die Themen, über die ich schreiben wollte, tiefgreifend beeinflusst, sondern auch die Art, wie ich schrieb. Es ging mir jetzt weniger darum, möglichst originell zu sein, was einer kindlichen Selbsttäuschung und der neidischen projektiven Identifizierung mit kreativen Eltern entsprungen war. Und Hitlers Auffassungen von Moral hatten dem ethischen Relativismus, mit dem ich zuvor ganz zufrieden gewesen war, einen schweren Schlag versetzt: dass es nämlich nicht nur, wie Einstein gezeigt hatte, kein festes Bezugssystem im Raum gibt, sondern auch, dass es, wie Westermarck ausgeführt hat, kein festes Bezugssystem in der Ethik geben kann (1952); es gibt keinen Beweis dafür, dass Hitlers Moralvorstellungen schlechter oder besser waren als die der meisten demokratischen Länder. Deshalb begann ich, über Themen wie Ethik, Ästhetik, Politik und ähnliche zu schreiben, die alle nach psychoanalytischer Aufmerksamkeit zu verlangen schienen. Auf die Frage, warum ich so vielseitig sein wollte, kann ich nur antworten, dass schon Freud gezeigt hat, dass die Analyse auch auf eine Vielzahl anderer Themen angewendet werden kann. Und insbesondere schien Melanie Kleins Unterscheidung zwischen Verfolgungsangst (oder Verfolgungsschuld) und depressiver Angst (oder depressiven Schuldgefühlen) einen Zugang zu einer Alternative zum ethischen Relativismus anzubieten. Denn während Freud natürlich klar zwischen Liebe und Hass unterschied, schien Melanie Klein zwischen dem Hass auf die eigenen ›bösen Objekte‹ und dem Hass auf die eigenen ›guten Objekte‹ zu unterscheiden. Und nur letzterer ruft depressive Schuldgefühle hervor. Obwohl ich also nicht meine, das letzte Wort zu diesen Themen gesagt zu haben – so weit ich weiß, werden die Professoren Jaques und Miller bald ein Buch darüber veröffentlichen –, habe ich doch versucht, in ein oder zwei Aufsätzen und einem Buch eine psychoanalytische Theorie der Moral zu skizzieren, die von der Überlegung ausgeht, dass jeder, der ausreichend analysiert ist, sich schuldig fühlt wegen der Angriffe auf die guten Objekte in seiner inneren Welt und dementsprechend natürlich auch wegen der Angriffe auf deren Repräsentanten in der Außenwelt (1944b, 1951b, 1952, 1955a). Anders als Melanie Klein selbst wagte ich es, ihr Werk auf die politische Ethik anzuwenden, was mir klarmachte, dass unsere Fahnenflucht gegenüber der Tschechoslowakei im Münchner Abkommen ein entsetzliches Verbrechen war. Aber vielleicht war ich dazu nicht berechtigt, es sei denn, ich könnte die »Frieden um jeden Preis«-Haltung auch als einen Aspekt betrachten, über den ich selbst nicht verfüge.

Bei diesen Überlegungen ging es auch um das Konzept der Norm, die ich als eine Grenze definierte, die in der Praxis nie erreicht wird: eine perfekt analysierte Person. Solche Menschen hätten, wenn es sie denn gäbe, eines gemeinsam: die Tendenz, depressive Schuldgefühle zu entwickeln, wenn sie sich gegen die guten Objekte in ihrer eigenen inneren Welt wenden oder gegen deren Repräsentanten in der Außenwelt. Dabei ist festzuhalten, dass ein normaler Mensch nach meiner Definition nicht jemand ist, der sich nie gegen seine guten Objekte wendet, aber jemand, der depressive Schuldgefühle entwickelt, wenn er es tut.

Eine andere Idee, mit der ich mich etwas später beschäftigte, schien sich tatsächlich aus der analytischen Arbeit zu ergeben. Bei dem Versuch, die Urszenenträume und -phantasien meiner Patienten zu analysieren, wurde mir sehr nachdrücklich klar, dass ich es mit mehr zu tun hatte als Erfahrungen, die falsch interpretiert worden waren. Ich nannte ihre Quelle zunächst »angeborene bildlose Erwartungen«. Aber Bions Begriff der »angeborenen Präkonzeptionen« schien mir zutreffender, sodass ich ihn übernahm. Ich arbeitete diesen Begriff in einigen Aufsätzen weiter aus, die vor allem im *Scientific Bulletin* erschienen. Aber es ist mir nie gelungen, daraus eine wirklich befriedigende Theorie zu entwickeln. (Da ich übrigens nie davon ausging, dass die »angeborenen Präkonzeptionen« von einem »biologischen Gedächtnis« abgeleitet sind, habe ich sie auch nie als exakte Kopien des Austausches mit der Außenwelt betrachtet, sondern als etwas, das durch Variation und Selektion brauchbarer wurde.)

Mir scheint, dass wir uns hier einem geheimnisvollen und faszinierenden Untersuchungsgebiet nähern (wie es das Unbewusste ja immer ist). Zum Beispiel träumte eine sehr gestörte Patientin, dass »ein Mädchen in einem Haus im Bett lag und ein anderes Mädchen die Fensterscheiben putzte«. Sie hielt die beiden Mädchen für Selbstanteile. Das eine Mädchen wollte in projektiver Identifizierung (ich glaube, sie hatte diesen Begriff von mir) mit der Mutter verharren, während das andere in die Außenwelt hinauswollte. Zunächst tendierte ich dazu, ihr zuzustimmen. Aber diese Deutung schien nicht weiterzuführen, und ein Kollege, mit dem ich darüber diskutierte, meinte, das Mädchen, das projektiv, mit der Mutter identifiziert war, warte vielleicht darauf, dass *der Penis des Vaters eindringe*, während der abgespaltene Teil von ihr Ausschau hält, wann genau der Vater eindringt. Dann könnte das Reiben des Fensterglases bedeuten, dachte ich, dass sie sich die Augen reibt, um wach zu bleiben. Ein oder zwei Tage später hatte ich Gelegenheit, diese abgeänderte Deutung auszuprobieren, und im Unterschied zu der ersten schien sie zuzutreffen, und diese Patientin wurde sehr viel normaler. Nach meinem Eindruck befand sie sich jetzt seelisch in ihrem eigenen Körper – und nicht wie sonst im Körper eines Anderen (was häufig der Fall war) – und sie wurde auch nicht in ihrem eigenen Körper durch die Gefühle und Gedanken eines Anderen verfolgt (was ebenfalls häufig vorkam). Damit will ich nicht sagen, dass unsere Probleme überstanden waren, denn sie war bald wieder genauso gestört wie zuvor. Aber für eine Weile hatte ich den Eindruck, dass wir eine große Hürde überwunden hatten. Außerdem entschuldigte sie sich einige Wochen später bei mir für ihr rüdes Verhalten. Soweit ich mich erinnerte, war das in ihrer Analyse noch nie vorgekommen.

Hier ist vielleicht der Moment, um etwas über meine Technik zu sagen. Ich weiß natürlich, dass bei einer heftigen Kollision mit einem extrem negativistischen und neidischen Patienten der Analytiker wahrscheinlich meistens Recht hat. Aber wenn der Patient so etwas sagt wie: »Sie halten sich so zwanghaft an Ihre Theorien, dass Sie mir nie zuhören. Sie kennen mich überhaupt nicht«, und wenn er dann in wütendes Schluchzen ausbricht, bezweifle ich, dass er völlig falsch liegt. Sein Ausbruch lässt mich nicht an meinen erlernten Theorien zweifeln, lässt mich aber vermuten, dass ich für eine der Mütter stehe, die nach Meinung Bions unfähig sind zur Reverie und nie Verständnis für die Probleme ihres wütenden Babys aufbringen. Und selbst wenn man so weit gekommen ist, ist es keineswegs einfach, das wütende Baby zu verstehen. Bei dieser Patientin war es jahrelang eine harte und schwere Arbeit, aber selbst in den schlimmsten Zeiten hat sie es geschafft, hin und wieder anzuerkennen, dass ich zumindest versucht hätte, sie zu verstehen.

Aber was können wir mit der Traumphantasie anfangen – vorausgesetzt, sie wurde richtig gedeutet? Zunächst einmal halte ich sie, da sie von einer angeborenen Präkonzeption der Urszene abgeleitet ist, für ein Missverständnis: Der Vater dringt nicht in die Mutter ein, weil er sie liebt und den Samen für Babys in ihr einpflanzen will. Nein, ich glaube, er dringt in sie ein, oder wird dazu verführt, weil es Teil eines Konkurrenzkampfes zwischen der Patientin und ihrer Mutter ist, der die Patientin den Samen, den der Vater ihr gibt, stehlen will.

Und natürlich unterliegt die ganze Phantasie dem Allmachtsdenken der Patientin: Sie kann in alles eindringen oder alles in sich aufnehmen, und sie hat es in der Hand, sich selbst und die anderen so groß zu machen, wie es ihr gerade gefällt.

Wenn meine Annahme richtig ist, kann uns die zutreffende angeborene Präkonzeption des Geschlechtsverkehrs helfen, einen liebevollen Geschlechtsverkehr zu schätzen und zu vollziehen. Aber eine falsche Auffassung davon könnte unseren primitiven Vorfahren beigebracht haben, wie man eine Falle baut, um einen Bären zu fangen, oder einem Jungen, ein Leuchtspurgeschoss zu erfinden! Und beides könnte nützlich sein.

Dann gab es bald ein weiteres Beispiel, das man vielleicht ganz gut im Sinn von angeborenen Präkonzeptionen und Missverständnissen verstehen konnte. Dieselbe Patientin träumte, dass sie »von zwei Jungen angegriffen wurde, die brennende Fackeln auf sie richteten«. Nun denn, ich erinnerte mich, dass ich am Tag zuvor etwas lauter geworden war, um eine Deutung zu beenden, bei der sie mir ins Wort gefallen war. Und ich war mir einer gewissen Wut bewusst, glaubte aber, dass sie mir nicht anzuhören war. Das also war es, dachte ich: Sie hatte eine angeborene Präkonzeption von mir als zwei hilfreichen Brustwarzen, hatte sie aber falsch verstanden und als zwei feurige Angreifer oder vielleicht auch als zwei feurige neidische Augen erlebt. Und sie akzeptierte diese Deutung sofort als richtig, auch wenn sie meinen leichten Tonwechsel als gefährlich destruktiv empfunden hatte.

Etwa einen Monat später, kurz vor einer Urlaubsunterbrechung, gab es wieder einen Traum, der mich an den Traum mit den beiden Mädchen erinnerte. Dieses Mal blickte sie zusammen mit ihrer Schwester und einem Baby aus einem runden Fenster, einem *oeille de boeuf* – vielleicht ihr Auge oder irgendeine Öffnung von jemandem, mit dem sie projektiv identifiziert war. Sie sah einen Mann kommen und sagte: »Komm, wir lassen das Baby bei ihm und gehen zusammen weg.« Für mich bedeutete es, dass sie ihr Baby-Selbst während des Urlaubs bei mir als ihrem Vater-Analytiker lassen wollte – vielleicht, um sich mit analer Masturbation zu beschäftigen –, während ihr erwachsenes Ich mit ihrer Schwester (möglicherweise als die beiden Brüste) ihre Mutter besuchen wollte, die schwer erkrankt war.

Ich erlebte diese Zeitspanne damals als ziemlich produktiv – obwohl ich mich nicht mehr genau daran erinnern kann, wann das war –, was ich in Teilen einem Umstand verdanke, den ich zunächst für einen Rückschlag gehalten hatte. Ich wurde nicht wieder in den Ausbildungsausschuss oder vielleicht den Vorstand gewählt und hatte plötzlich viel freie Zeit zum Schreiben. Ich erwähne dies deshalb, weil es zwar wünschenswert sein kann, unseren Mitgliedern immer mehr Ausschussarbeit aufzuhalsen, ihnen dann aber die Zeit für die Forschung fehlt. Meiner Meinung nach können nur Menschen, die sehr wenig Schlaf brauchen, Zeit für beides aufbringen.

In diesem kurzen Rückblick auf meine Schreibtätigkeit habe ich unter anderem zu zeigen versucht, wie ich allmählich unter dem Einfluss der Psychoanalyse und ihrer Fortsetzung als Selbstanalyse von einer sehr narzisstischen Form der projektiven Identifizierung mit elterlichen Helden zu einer Verfassung gelangt war, in der mir bewusst war, wie viel ich meinen internalisierten Objekten verdankte.

Ich meine auch, dass der Zweite Weltkrieg eine gewisse Trennlinie darstellt zwischen Arbeiten, die mir nicht mehr viel bedeuten – auch wenn sie vielleicht von historischem Interesse sind –, und Arbeiten, die ich immer noch gern lese, obwohl sie mehr oder weniger veraltet sind. Ich habe versucht, mir auch einige der Anregungen für diese späteren Arbeiten in Erinnerung zu rufen. Aber wenn ich keine Zeit gehabt hätte, etwas zu schreiben, hätte ich überhaupt nie etwas schreiben können. Aber wenn man mehr darüber wissen möchte, wie sich meine Ansichten geändert haben, muss ich vermutlich nur auf meine Arbeit »Cognitive Development« (1968) verweisen.

Sehr vereinfacht kann ich wohl sagen, dass ich mich mit der kognitiven Entwicklung beschäftigte, als ich die dritte von drei Stufen meiner Auffassung von seelischen Krankheiten erreicht hatte. Diese Stadien meiner Herangehensweise an seelische Erkrankungen entsprechen in gewisser Weise den aufeinander folgenden Einstellungen in der psychoanalytischen Bewegung insgesamt. In der ersten Phase, vor vierzig oder fünfzig Jahren, ging ich von der Annahme aus, dass seelische Erkrankungen auf sexuelle Hemmungen zurückzuführen sind. Das kann durchaus zutreffen, kann aber, wenn man es naiv versteht, zu einer sehr oberflächlichen Analyse führen. Außerdem kann sich ein Patient dann auf subtile Weise ermutigt fühlen, an der unbewussten Überzeugung festzuhalten, dass er seinen Ödipuskomplex nicht aufgeben müsste, sondern ihn mit Hilfe des Analytikers realisieren und so zum Weltenherrscher werden könnte.

In der zweiten Phase, vor 20 bis 25 Jahren, wäre meine vorherrschende Annahme gewesen, dass psychische Krankheiten das Ergebnis eines *unbewussten moralischen Konflikts* sind. Diese Auffassung erweitert meine frühere Sichtweise ohne ihr zu widersprechen und führt zu einem besseren Verständnis von Freuds Konzept des Über-Ichs, wenn dieses noch durch kleinianische Überlegungen über die Komplexität der frühen Ich-Über-Ich-Beziehung ergänzt wird. Insbesondere wird ein strenges Über-Ich weniger als Folge einer harten Erziehung verstanden, sondern eher als Folge einer »intrapsychischen Paranoia« (wenn ich diesen Begriff hier einführen darf). Das Rezept besteht also in dem Versuch, den Patienten dazu zu bringen, die projektiven Verzerrungen seines Über-Ichs wieder zu integrieren – ein Prozess, der das Erreichen der depressiven Position, wie Klein sie genannt hat, fördert, und der ein Motiv für die Entstehung depressiver Schuldgefühle wegen der Angriffe auf inzwischen bessere innere Objekte liefert.

In der dritten und letzten Phase gehe ich vor allem von der Annahme aus, dass *der Patient, sei er nun klinisch krank oder nicht, an unbewussten Misskonzeptionen und Sinnestäuschungen leidet.* Auch hier geht es darum, dass diese Annahme die anderen beiden ergänzt, ohne sie überflüssig zu machen: Die Hemmungen des Patienten sind eine Folge seiner Misskonzeptionen, auch sein strenges Über-Ich ist eine Misskonzeption. Aber sie ist nicht die einzige. Ich habe jetzt oft den Eindruck, dass das tiefe Unbewusste, selbst bei scheinbar normalen Analysanden, einfach mit falschen Vorstellungen gespickt ist, insbesondere im Bereich der Sexualität. Wo ich zum Beispiel früher einen Traum als Darstellung des Geschlechtsverkehrs der Eltern verstanden hätte, würde ich ihn jetzt häufiger als eine *Missrepräsentation* dieses Ereignisses deuten. In der Tat scheint sich jede nur denkbare falsche Darstellung im Unbewussten auszubreiten, *nur nicht die richtige.*

Früher hat man solche Misskonzeptionen der Urszene auf die äußeren Hindernisse zurückgeführt, die der sexuellen Neugier des Kindes im Weg stehen. Aber heute bin ich überzeugt, dass das Kind, wie andere Tiere auch, von Natur aus die Veranlagung mitbringt, die Wahrheit zu entdecken, und dass die Hindernisse hauptsächlich emotionaler Natur sind. In der Tat werden diese Hindernisse jetzt viel besser verstanden. Ich glaube auch, dass wir kurz davor sind, den angeborenen Prozess der kognitiven Entwicklung, der durch sie – oft mit mächtigen Phantasien – behindert wird, besser zu verstehen (Bions Konflikt zwischen K und –K).

Ich weiß nicht, wie der nächste Schritt aussehen wird, aber es wird ihn ohne Zweifel geben.

Roger E. Money-Kyrle, Februar 1979

Schriften

1927. Belief and representation. *Symposium 1*, 315–331.

1928a. The psycho-physical apparatus. *Brit. Journ. med. Psychol. 8*, 132–142.

1928b. Morals and supermen. *Brit. Journ. med. Psychol. 8*, 227–284.

1929. Critical abstract: Roheim's »After the Death of the Primal Father.« *Brit. Journ. med. Psychol. 9*, 263–274.

1930. *The Meaning of Sacrifice*. London: Hogarth Press/Institute of Psycho-Analysis.

1931a. A psychologist's Utopia. *Psyche 11*, 4, 48–69.

1931b. The remote consequences of psycho-analysis on individual, social and instinctive behaviour. *Brit. J. med. Psychol. 11*, 173–193.

1932a. *The Development of Sexual Impulses*. London: Kegan Paul.

1932b. *Aspasia*. London: Kegan Paul.

1933a. Psychology and ethics. *Science Forum 1*, 7–9.

1933b. A psychoanalytic study of the voices of Joan of Arc. *Brit. Journ. med. Psychol. 13*, 63–81. Dt.: Eine psychoanalytische Untersuchung der Stimmen von Jeanne d'Arc. In diesem Band.

1934a. Homo insipiens. *Nineteenth Century.*

1934b. A psychological analysis of the causes of war. *The Listener*. 7. November, 304. Dt.: Eine psychologische Analyse von Kriegsursachen In: Ausgewählte Schriften Band I, 25–33.

1934c. Discussion: sexual regulations and cultural behaviour. *Brit. Journ. med. Psychol. 15*, 153–163.

1936. The psychology of superstition. *Science and Society 1*, 3–7.

1937. The development of war. *Brit. Journ. med. Psychol. 16*, 219–236. Dt.: Wie entstehen Kriege? Ein psychologischer Ansatz In: Ausgewählte Schriften Band I, 39–64.

1939. *Superstition and Society*. London: Hogarth Press/Institute of Psycho-Analysis.

1941. The psychology of propoganda. *Brit. Journ. med. Psychol. 19*, 82–94. Dt.: Die Psychologie der Propaganda In: Ausgewählte Schriften, Bd 1, 69–88.

1944a. Some aspects of political ethics from the psychoanalytic point of view. *Int. Journ. Psychoanal. 25*, 166–171.

1944b. Towards a common aim: a psycho-analytic contribution to ethics. *Brit. Journ. med. Psychol. 20*, 105–117.

1948a. Social conflict and the challenge to psychology. *Brit. Journ. med. Psychol. 21*, 215–221. Dt.: Soziale Konflikte und die Herausforderung für die Psychologie. In: Ausgewählte Schriften Band I, 93–107.

1948b. Religion in a changing world. *Rationalist Annual Watts.*

1950. Varieties of group formation. *Psychoanal. Soc. Sciences 2*, 313–329.

1951a. *Psychoanalysis and Politics.* London: Duckworth; New York: Norton.

1951b. Some aspects of state and character in Germany. In: G. B. Wilbur & W. Muensterberger (Hg.). *Psychoanalysis and Culture.* New York: Int. Univ. Press. Dt.: Anmerkungen zu Staat und Charakter in Deutschland. In: Ausgewählte Schriften Band I, 115–132.

1952. Psychoanalysis and ethics. *Int. J. Psychoanal.* 33, 25–234.

1953. *Towards a Rational Attitude to Crime* (Pamphlet). London: Howard League.

1955a. The anthropological and the psycho-analytic concept of the norm. *Psychoanal. Soc. Sciences 4*, 51–60.

1955b. Introduction. In: M. Klein, P. Heimann & R. E. Money-Kyrle (Hg.). *New Directions in Psychoanalysis.* London: Tavistock. Dt.: Einleitung. In diesem Bd.

1955c. Psychoanalysis and ethics. In: New Directions in Psychoanalysis. London: Tavistock.

1955d. An inconclusive contribution to the theory of the death instinct. In: *New Directions in Psychoanalysis.* London: Tavistock. Dt.: Versuch eines Beitrags zur Theorie des Todestriebs. In diesem Band.

1956a. The world of the unconscious and the world of common sense. *Brit. Journ. phil. Science 7* 86–96.

1956b. Normal countertransference and some of its deviations. *Int. Journ. Psychoanal, 37. 360–366.* Dt.: Normale Gegenübertragung und ihre Abweichungen. In: Ausgewählte Schriften Band II, 27–43.

1958a, Psychoanalysis and philosophy, In: J. M. Sutherland (Hg.) *Psychoanalysis and Contemporary Thought.* London: Hogarth Press.

1958b. On the process of psycho-analytic inference. *Int. Journ. Psychoanal. 39, 129–133.* Dt.: Der Prozess des psychoanalytischen Schlussfolgerns. In: Ausgewählte Schriften, Bd 2., 49–60.

1960. On prejudice – a psycho-analytic approach. *Brit. Journ. med. Psychol. 33*, 205–209. Dt.: Über das Vorurteil – eine psychoanalytische Annäherung In: Ausgewählte Schriften Band I, 137–146.

1961. *Man's Picture of His World.* London: Duckworth.

1963a. A note on migraine. *Int. Journ. Psychoanal. 44*, 490–492. Dt.: Eine Anmerkung zur Migräne In: Ausgewählte Schriften Band II, 65–69.

1963b. Melanie Klein and her contribution to psycho-analysis. *Bull. Assn. Psychotherapists 4*, 9–18.

1965a. Megalomania. *Am. Imago 22*, 142–154. Dt.: Größenwahn. In: Ausgewählte Schriften Band II, 75–90.

1965b. Review: W. R. Bion – ›Elements of Psychoanalysis‹. *Int. Journ. Psychoanal. 46, 385–388.*

1965c. Success and failure in mental maturation. *Sci. Bull. Brit. Psycho-Anal. Soc. 1, 1*, 46–52. Dt.: Gelingen und Misslingen seelischer Reifungsprozesse. In diesem Band.

1966a. A note on the three caskets. *Sci. Bull. Brit. Psycho-Anal. Soc. 5*, 39.

1966b. British schools of psycho-analysis. In: S. Arieti (Hg.). *American Handbook of Psychiatry*, III.

1968. Cognitive development. *Int. J. Psychoanal. 49*, 691–698. Dt.: Kognitive Entwicklung. In diesem Band.

1969. On the fear of insanity. *Sci. Bull. Brit. Psycho-Anal. Soc. 30*, 11–16. Dt.: Über die Angst vor Verrücktheit In: Ausgewählte Schriften Band II, 95–103.

1971. The aim of psycho-analysis. *Int. Journ. Psychoanal. 52*, 103–106. Dt.: Das Ziel der Psychoanalyse In: Ausgewählte Schriften Band II, 111–119.

1976. Review: D. Meltzer et al. – ›Explorations in Autism‹. *Int. Journ. Psychoanal. 58*, 499–500.

1978a. Addendum to ›Cognitive development‹. In: J. Grotstein (Hg.). *Festschrift for W. R. Bion*. New York: Aronson.

1978b. *The Collected Papers of Roger Money-Kyrle*. Scotland: Clunie Press.

Der Frankfurter Verlag für Psychoanalyse

Josef H. Ludin

Das Ringen um eine Technik der Psychoanalyse

Theorien und Kontroversen

208 S., Pb. Großoktav, € 29,90
ISBN 978-3-95558-350-7

Bei Ludins Werk handelt sich um Beiträge zu psychoanalytischen Techniken, die in den letzten Jahren im Rahmen von Seminaren, Supervisionen und Vorträgen des Autors in unterschiedlichen analytischen Institutionen in Berlin, Paris, Zürich, Bern und Istanbul entstanden sind. Der Zugang zum Thema ist bewusst persönlich gehalten. Die dialogische Grundlage der analytischen Technik und des analytischen Denkens sollte vor einer zu stark objektivierenden Vereinnahmung beschützt werden.

Die Beschäftigung mit der analytischen Technik kann nicht ohne Rückbesinnung auf ihre geschichtliche Entwicklung erfolgen. Nicht nur, dass das Erinnerungsparadigma Dreh- und Angelpunkt des analytischen Denkens ist, sondern hinzukommt, dass nur geschichtlich verstanden werden kann, aus welchen klinischen Sackgassen sich Entwicklungen ergeben haben. Bei diesen Sackgassen handelt es sich jedoch nicht um solche, die einmal erlebt und korrigiert wurden und sich dann erledigt hätten, sondern um solche, mit denen jede Generation aufs Neue zu ringen hat.

Rosemarie Kennel / Gertrud Reerink (Hrsg.)

Klein – Bion Eine Einführung

4. Aufl., 180 S., Pb., € 19,90, ISBN 978-3-86099-381-1

Die in diesem Band versammelten Arbeiten sind aus dem Wunsch entstanden, klinisch bedeutsame Denkmodelle der psychoanalytischen Theorie zur Diskussion zu stellen. Sie stammen von einer Gruppe von Frankfurter Psychoanalytikern, die sich seit Jahren mit der klinischen Arbeit der Kleinianer auseinandergesetzt haben. Anlass waren die Erfahrungen aus schwierigen und unbefriedigend verlaufenden Analysen, die dazu drängten, neue Wege zu suchen.

Donald Meltzer

Studien zur erweiterten Metapsychologie

300 S., Pb., € 29,00, ISBN 978-3-86099-604-1

Der vorliegende Band sollte als Leitfaden zu Bions Schriften und Vorträgen gelesen werden. Diese Sammlung klinischer Beiträge verdeutlicht, wie sich Ansatz, Technik und Deutungsverständnis des Autors unter dem prägenden Einfluß der allmählichen Aneignung des Bionschen Modells von Grund auf verändert haben.

Unter Mitarbeit von Mariella Albergamo, Eve Cohen, Alba Greco, Martha Harris, Susanna Maiello, Giuliana Milana, Diomira Petrelli, Maria Rhode, Anna Sabatini Scolmati, Francesco Scotti.

Der Frankfurter Verlag für Psychoanalyse

Roger Money-Kyrle

Die Psychologie von Krieg und Propaganda

Ausgewählte Schriften Band I

164 S., Pb. Großoktav, € 24,90
ISBN 978-3-95558-299-9

»Weil Völkerrechtsverstöße, Überfälle und Kriege – wie heute wieder – niemals akzeptiert und hingenommen werden dürfen, bedarf es des Blicks auf Vergangenes, Gegenwärtiges und Zukünftiges. Der englische Psychoanalytiker Roger Money-Kyrle kann uns mit seinen Schriften Anregungen geben und zu aktivem Widerstand gegen Kriegsverbrechen auffordern! Die Edition der Schriften von Money-Kyrle dürfte nicht nur für Psychologen und Psychoanalytiker von Interesse sein, und der notwendigen und nützlichen, wissenschaftlichen Dokumentation Genüge tun, sondern auch Anregungen und Herausforderungen für den interdisziplinären Diskurs über Frieden, Freiheit, Gerechtigkeit und Humanität bieten.« (Jos Schnurer, socialnet.de)

Roger Money-Kyrle

Klinische Beiträge

Ausgewählte Schriften Band II

132 S., Pb. Großoktav, € 24,90
ISBN 978-3-95558-301-9

In diesem Band liegt der Schwerpunkt im Ausloten der unbewussten Phantasie deren Manifestationen im Alltag zunächst »normal« erscheinen mögen, dere komplexe Abwehr von Begrenztheit und seelischem Schmerz aber entscheiden sind. In seinen Beitrag über die Tätigkeit des Psychoanalytikers eröffnet er a. mit seinen vergleichenden Bildern einen gut nachvollziehbaren Einblick, s beispielsweise, wenn er von einem Judas-Anteil in jedem von uns spricht. A zuerkennen, dass wir das, was wir lieben, in der unbewussten Phantasie zerstö haben, ist Teil der analytischen Arbeit und der Ausgangspunkt von Wiedergu machungsprozessen.

Band IV: Beiträge zum Verhältnis von Psychoanalyse und Philosophie, erscheint voraussichtlich 2024

Unsere Kataloge erhalten Sie kostenlos:
Brandes & Apsel Verlag • Scheidswaldstr. 22 • 60385 Frankfurt am Main
info@brandes-apsel.de • www.brandes-apsel.de
Fordern Sie unseren Newsletter kostenlos an:
newsletter@brandes-apsel.de